听懂孩子的话，读懂孩子的心

李世强 ◎ 编著

北京工业大学出版社

图书在版编目（CIP）数据

听懂孩子的话，读懂孩子的心／李世强编著．—北京：北京工业大学出版社，2015.3（2021.9重印）
ISBN 978-7-5639-4235-0

Ⅰ.①听…　Ⅱ.①李…　Ⅲ.①儿童教育-家庭教育　Ⅳ.①G78

中国版本图书馆CIP数据核字(2015)第041177号

听懂孩子的话，读懂孩子的心

编　　著：李世强
责任编辑：闫　妍
封面设计：尚世视觉
出版发行：北京工业大学出版社
　　　　　（北京市朝阳区平乐园100号　邮编：100124）
　　　　　010-67391722（传真）　bgdcbs@sina.com
经销单位：全国各地新华书店
承印单位：唐山市铭诚印刷有限公司
开　　本：787毫米×1092毫米　1/16
印　　张：14
字　　数：158千字
版　　次：2015年3月第1版
印　　次：2021年9月第2次印刷
标准书号：ISBN 978-7-5639-4235-0
定　　价：39.80元

版权所有　翻印必究
(如发现印装质量问题，请寄本社发行部调换 010-67391106)

前　言

可怜天下父母心，没有一个父母不想把最好的东西留给孩子，愿意为孩子付出一切。但做家长的是否想过，其实有时孩子对物质是否富有并不在乎，更在乎的是父母是否在精神上给予理解、包容、陪伴，是否真正了解孩子，是否认真地听孩子说话，是否认真去感受孩子的心，走进孩子的内心，了解他们内心的想法。

孩子其实都是很单纯的，他们并没有家长想象中的那么复杂，他们没有经历成人世界中的那些纸醉金迷，所以他们也不需要金银珠宝去装饰他的生活。孩子希望在自己悲伤时，父母能够给予安慰；在自己寂寞时，父母能够与他们一起玩耍；在遇到挫折时，父母能够给予鼓励，一起并肩"战斗"；在自己需要父母时，父母能够真正给予他们回应，与他们手牵手、心连心……

在现在的社会中，人们总是提倡爱的教育，父母要成为孩子的朋友，而非孩子的家长。但同时也有一个严峻的课题摆在面前，要成为孩子的朋友并非易事，如果家长听不懂孩子的话，无法知道孩子话中包含的意思，又如何和孩子玩耍在一起；如果做家长的不懂孩子内心的想法，无法陪伴他们面对挫折、无法帮助他们扫除内心的阴影、无法开导孩子内心的困惑……那又如何能够赢得孩子的信任，成为孩子无话不谈的"闺密"呢？

如今的家庭中大多都是独生子女，因此孩子在家庭中很少会有同龄的朋友、伙伴陪伴，这让孩子总是显得很孤单寂寞，此时，就需要父母去充当孩子的一个"大朋友"了。但孩子并不需要一个和自己想法不同、说话也不同的人一起玩耍，因为和他们在一起没有共同语言，孩子需要的是一个和自己想法相同，也能够欣赏他的创意和各种花招的伙伴。所以，父母要想和孩子打成一片，走进孩子的内心，就要少一些父母的威严，多一些对孩子的欣赏和认同，学会站在孩子的角度去思考问题。这样，才能陪伴孩子一同成长，孩子也会愿意把自己的问题向父母倾诉。

本书以孩子的心理成长和发展为出发点，从孩子最为明显及最令父母为之头痛的心理问题入手，走进孩子的内心世界，让父母了解孩子的话语，准确明白孩子的内心，为孩子的健康成长保驾护航。本书，将是父母与孩子沟通的一座高架桥梁。

目 录

第一章 明白孩子想什么，才能知道孩子说什么

想读懂孩子的心，先要学会倾听 3

学会站在孩子的立场上理解孩子的心情 6

孩子隐瞒父母究竟为哪般 8

了解不代表占有，隐私绝不可偷窥 11

面对"追星"的狂热，父母要理性对待 15

第二章 语言有多样性，听懂孩子的话外音

"你让别人家的孩子做你孩子吧！" 25

"我就是不想学习，我不上学了！" 28

孩子的回答为何漫不经心 32

孩子的反驳并非是对你的不敬 34

孩子的沉默并不代表认同 38

第三章 耐心倾听，才能懂得孩子话中的真正含义

不要总用"忙"来拒绝孩子 45

孩子的心声需要父母认真倾听 48

孩子说话时，不要总是打断 51

不要急于否定孩子的想象力 53

倾听的艺术在于听而不是说 56

第四章 掌握语言魔法，更易走进孩子的心

通过故事和孩子进行心灵间的交流 61

用肯定的语言培养孩子的自信 64

赞美也有技巧，细节决定成败 68

不要急着去指责孩子的错误 71

"没办法"，这不是父母该说的话 74

第五章 父母的坏情绪，是走不进孩子内心的罪魁祸首

父母的呵斥和不满，会刺痛孩子的心 …………………… 79

父母的"刻薄"也许会影响孩子的一生 …………………… 82

父母若焦虑，孩子的内心还如何平静 …………………… 85

妈妈太强势，孩子还如何长大 …………………………… 88

不要将未完成的梦想强加于孩子身上 …………………… 91

第六章 细心观察，解读孩子的青春疑惑

孩子对身体的困惑，最需父母耐心解答 ………………… 97

"性"这个问题需要好好沟通 ……………………………… 100

走入孩子的内心，了解青春期的烦恼 …………………… 102

孩子早恋的心理谁人知 …………………………………… 105

积极引导，让孩子远离色情 ……………………………… 112

第七章 给孩子一些空间，让孩子知道父母尊重他

父母对孩子的爱也应保持距离 …………………………… 121

孩子需要体验生活的机会 ………………………………… 124

孩子并非只属于父母 128

给孩子自己选择做主的权利 134

父母的意愿并非是孩子的意愿 138

第八章 读懂孩子的内心，帮孩子消除内心的阴影

欲速则不达，让孩子意识到急躁的危害 147

做人要谦虚，莫让妒火在孩子心中燃烧 151

克服自卑，培养孩子的自信心 153

让孩子与抑郁隔离，快乐地成长 157

轻生念头不可有，锤炼出一颗坚强的心 162

第九章 成为孩子的榜样，与孩子一同成长

教育孩子的同时完善自己 171

父母以身作则，让孩子不再说脏话 176

鼓励孩子主动认错，避免撒谎 179

对孩子的许诺一定要实现 183

教孩子学会分享，拒绝霸道 186

第十章 正能量教育,赢得孩子的心

温暖的家是滋润孩子心灵最好的土壤 …………… 193

孩子的童年不能只有学习 …………………………… 197

请不要难为成绩差的孩子 …………………………… 200

孩子的天性需要自由地释放 ………………………… 204

每个职业都有它的价值 ……………………………… 207

第一章
明白孩子想什么，才能知道孩子说什么

想读懂孩子的心，先要学会倾听

随着孩子的成长，他们有了独立的思考意识，他们对生活中的事情逐渐有了自己的想法和观点。父母应该对这一时期的孩子的想法给予鼓励和支持，多多倾听孩子的内心世界。鼓励和赏识孩子发表自己的想法和观点，可以锻炼孩子的思考能力和表达能力。通过倾听孩子的想法，父母可以在第一时间纠正孩子的错误。

美国总统富兰克林·罗斯福出生在一个民主的家庭中，他的童年是在哈得孙河谷的海德公园里度过的，而且过得非常开心。妈妈非常尊重罗斯福的意愿，在一些非原则性的问题上，只给罗斯福提供参考建议，而不会干涉罗斯福。这不仅使罗斯福和妈妈之间的关系非常和谐，而且培养了罗斯福的主见。

罗斯福的妈妈喜欢用各种服装来打扮罗斯福，但是罗斯福却不喜欢妈妈为他选择的衣服。有一次，罗斯福大胆地对妈妈说出了他对妈妈给自己安排服装的不满。还有一次，妈妈想劝说罗斯福穿苏格兰短衫，但是罗斯福拒绝了妈妈的提议。最后，妈妈同意罗斯福穿水手服。

听懂孩子的话，
读懂孩子的心

妈妈曾这样解释："我们从来不曾试图对他施加影响，不想使他违背自己的爱好按我们的模式规定他的人生道路。"

5岁时，罗斯福曾对妈妈说了这么一句忧郁的话："妈妈，我不开心，因为我没有真正的自由。"妈妈听了这样的话开始反思自己，然后决定给罗斯福更多的自由。

第二天，妈妈就开始这样做了，她对罗斯福的日常生活不作规定，让罗斯福自由地做他喜欢做的事情。刚开始，罗斯福很高兴，他可以自由地生活了。没过多久，他发现不被人重视的感觉真的不好受。后来，他又恢复了之前的生活状态。

事后，妈妈这样叙述当时的情况："他证明自己对自由的渴望就是通过对我们置之不理这样的方式表现的。那晚，他变成了一个又累又脏的小孩子，拖着疲惫的身体回到家里。我们没有去问他到哪里去了或是干了什么。第二天，他表示愿意按平时的安排作息，并且觉得心满意足。"

罗斯福个性的发展和良好品格的形成，得益于妈妈尊重他的意愿和想法，满足他的合理要求，给他自由活动的时间，使他无拘无束地发展自己，尽情地享受童年的欢乐，而不是强迫罗斯福听从父母的意愿和想法。

许多父母也想像罗斯福的妈妈那样去做，但他们不清楚具体怎样去做。那么，身为家长的你不妨按照以下方法试试。

首先，对孩子的意愿和想法应尽量给予支持和尊重，多给孩子一些自主决定的机会。

父母在决定一件与孩子有关的事情之前，可以主动询问孩子的意见，听听孩子的想法。千万不要对孩子的想法忽略和抑制，即使他们的想法有问题，父母也绝不可以借此机会打击、嘲笑孩子。

当父母发现孩子的想法错误时，父母需要耐心地引导孩子。如果孩子一味坚持他的错误想法，父母可以让孩子去尝试、去经历，然后在他遇到困难时再帮忙解决，给予教育。这样，孩子受到的教育最深刻。

其次，父母应该把孩子当作家庭中独立的一员，经常和孩子商量事情，听听孩子的意见。

当家里来客人时，如果孩子想陈述自己的观点，父母不应该对他们制止和打击，而应该说："好吧，孩子，你说说你的观点吧！"

最后，当孩子主动和父母谈起自己的想法时，父母不要表现出不耐烦的样子，而应该做一个忠实的听众。父母可以对孩子说："孩子，来，我们一起聊聊。"

在与孩子沟通的过程中，父母不要总是对孩子说："你这样不行！""你听我的就行，保证没错。""不听老人言，吃亏在眼前。"而要经常对孩子说："我是这样认为的……你觉得怎么样呢？""我觉得这样不太好，因为……""关于这件事，你有什么意见……"这种沟通方法就是带着商量的口气和孩子说话，而不是强制和命令，它充分体现了父母对孩子意愿的尊重。

听懂孩子的话，
读懂孩子的心

学会站在孩子的立场上理解孩子的心情

有人说，理解是最好的沟通，所以，代沟的化解离不开双方的理解。随着孩子一天天地长大，他们的知识面、接触面也不断增大，他们对一些问题开始有了自己的观察、思考和看法，并根据自己的想法做事。如果父母还把孩子当作无知者，对孩子横加干涉，孩子就会产生反感。特别是当孩子追求自己的兴趣爱好时，父母常常认为这会影响学习而去阻止孩子。当然，孩子对父母的良苦用心也可能存在偏见和不理解。正是这种相互的不理解才造成了代沟的加深，增加了沟通的难度。

其实，如果父母和孩子能站在对方的立场上，感受对方的心情，问题就很容易解决了。理解是构建和谐家庭的重要元素，孩子的健康成长离不开父母的理解。很多父母不理解孩子内心的苦闷，抱怨孩子学习不努力，让孩子觉得非常委屈。

上小学五年级的时候，李晨爱上了摇滚乐，并且对外出游玩产生了兴趣。因为他希望用摇滚乐来宣泄烦乱的情绪，想通过外出游玩缓解学习的压力。一次他准备和三个同学去公园游玩，但是父母不同意。为了不让自己失约，李晨偷偷地和同学出去了。当他回到家的时候，父母不等他开口，就臭骂了他一顿，当时李晨感觉委屈极了。从那以后，李晨不再愿意把自己的事情告诉父母。

在初二的时候，李晨和班上一个女同学成了很好的朋友。但是因为她的学习很差，父母就阻拦他和那个女生交往。

当父母和孩子之间缺少理解的时候，沟通就成了问题。没有沟通和交流，父母和孩子之间就很容易产生隔阂。想必父母都有这样的体会：孩子越大，与他们沟通就越难，甚至不知应该怎样去交谈。其实，作为孩子，他们非常希望和父母进行贴心的交谈，但是很多时候父母却强行关闭了理解的大门，所以才使孩子不愿意和他们交流。

出于对孩子的关爱，一位母亲经常对女儿说"不许你和任何男生来往"。有一次，几个男生来邀请女孩去同学家过生日，却被女孩的母亲臭骂了一顿。这让女孩感觉在同学面前丢尽了面子，那些男生也不再跟她来往。为此，女孩怨恨母亲："你们怎么对我，我就怎么对你们。"她对着父母大声嚷嚷道："我就是故意不好好学习，我就是想气你们！你们给我的钱我会毫不客气地花光。"

如果孩子视父母为冤家，经常与父母对着干，或是将自己封闭起来，这无疑让父母感到痛心，看着自己一手拉扯大的孩子，如今的表现与陌生人无异。这时候，双方的理解就显得格外重要。但很多父母却不知怎样理解孩子，而孩子有时候也不懂得如何理解父母。

理解就是设身处地地为对方着想，站在对方的位置考虑别人的感受。

父母应该放下家长的权威，发自内心地理解孩子的想法。因为青春期的孩子，非常重视同龄朋友之间的交往，做父母的如果不能理解他们，孩子就会向外寻找理解他们的人。反之，父母如果理解孩子，孩子就会感到家庭的温暖、安全，就愿意与父母沟通。

当你的孩子处于青春期时，他们首先需要你的理解，其次才是你的教育和引导。没有理解的教育，是没有效果的教育。当父母懂得对孩子尊重和信任，孩子也会投桃报李，他们也能体会到父母的用心良苦，明白父母的初衷是好的，这样，父母就更容易被孩子所接受。在互相理解中，代沟也就慢慢消除了。

孩子隐瞒父母究竟为哪般

每一个人都愿意与人分享快乐，但悲伤难过时，却很少有人会说出来。大多数人都不愿意暴露缺点，就如孩子大多不愿意把自己成绩不好、在学校里被老师批评这类糗事说给父母听一样，孩子这样做也是在维护自己的尊严。为了逃避惩罚，孩子通常会隐瞒一些事实。不过这些有时候还不一定是孩子隐瞒事实的真正原因。

期末考试成绩出来了，没有考好的同学不敢把真实分数告诉家长，就想到了修改分数的方法。李丽这次考试成绩一般，尤其是英语，刚过及格线，她很担心母亲知道了分数后会责骂她。有同学建议李丽也修改分数，那个"6"很容易修改成"8"，这样分数一下就提高了二十多分。李丽非常矛盾，挣扎后她还是决定不修改分数。

虽然李丽没有改分数，但她也不敢把成绩告诉父母。不过妈妈还是从别人的嘴里知道成绩已经出来了，就一直追问李丽得了多少分。李丽没考好，本来就觉得很难过了，不管妈妈怎么问，她就是不愿意把成绩告诉妈妈。

最后，妈妈说，如果李丽考得不好，也不会责怪她。听妈妈这样说，李丽告诉妈妈她只得了76分。妈妈一听，脸色马上变了，严厉地教训了李丽，还警告她，以后考试成绩一定要告诉家长。李丽在心里暗暗对自己说："以后再也不会相信妈妈的话了。"

改成绩，藏考卷，模仿家长的签名……孩子这样做的原因很简单，没考好；目的也很明确，怕父母责骂。有的父母会像李丽的妈妈一样，一步步诱导孩子自己坦白。而面对强大的心理攻势，孩子沉默的防线可能会很快被攻破，但结果却比我们看到的更糟糕。孩子的刻意隐瞒，就是怕看到父母知道真相后怒发冲冠的样子，李丽的妈妈一再保证"只要你说真话，我就不会生气"，可事实上还是大发雷霆。说到底，父母是在拿孩子的信任骗取孩子的坦白。父母对孩子心存期待是无可厚非的，但是要让孩子不对父母隐瞒失败，父母要先学会对孩子坦诚。

让我们再看看下面的这个小故事。

美国一位研究早期教育的心理学教授给全美的50位名人和50位囚

听懂孩子的话，
读懂孩子的心

犯发去信件，希望他们谈一谈早期母亲对他们的影响。信件发出去后，这位心理学教授收到了很多封回信，其中有两封很有意思，因为内容基本相同，都是讲述母亲教他们分苹果的故事，但结果却大不相同。

当然，写这两封信的人也是来自两个不同阶层的人，一位是美国白宫里的官员，另一位则是服刑期的囚犯。

这位服刑期的囚犯写道：小时候，有一天妈妈拿出来一盘苹果，大小不同，而且有红有绿。又大又红的苹果谁都喜欢，当我想和妈妈要这个苹果的时候，弟弟抢先说出了他想要那个苹果，妈妈立刻责备他说："难道我没有教过你，做人要懂得谦让吗？好的东西要先让别人挑选，不知道吗？"听到妈妈这么严厉地责备弟弟，我灵机一动，立刻改口说："妈妈，我要那个小的，弟弟想要那个大红苹果，那就给弟弟那个吧！"妈妈听到我的话很高兴，立刻亲了我一口，赞许地说我真懂事，并把那个又大又红的苹果奖赏给我。我说了谎话，但是却得到了想要的东西。从此，我就开始学会了说谎，因为我知道这样会得到我希望得到的结果。如果说谎还无法达到目的，那就通过暴力、抢劫等方式。总之，为了得到想要的东西，我开始不择手段，直到我被送到监狱的那一天为止。

而来自白宫的这位官员在信中写道：小时候，有一天妈妈拿出来一盘苹果，大小不同，而且有红有绿。我和弟弟们都举手要吃那个最大的红苹果。这时妈妈把这个红苹果高高地举过头顶，对我们说道："既然都想吃这个，那你们三个就比赛吧。咱家门口的草坪已经参差不齐了，现在我把草坪分成三份，你们每人干三分之一，谁修剪得最漂亮、最认真，谁就得到这个最大的红苹果，你们同意吗？"

这个方法非常公平，于是我们都同意。在妈妈划定完草坪后，我们三个都开始认真地干活。最后，我拿到了应得的这个红苹果。我到现在都很感谢我的母亲，她让我明白了一个人生道理——要想得到最好的，只有努力认真地付出，做到最好！

同样的事情，两位妈妈不同的处理态度，造就了两种完全不同的人生。父母的态度决定孩子的表现。从来自监狱犯人的信中，我们可以看到，孩子因为怕母亲责备而不敢讲出真话，所以父母要想想，孩子不愿坦白是不是由于你平时的态度造成的。为了隐瞒失败而撒谎对所有孩子来说都是无奈之举。如果父母是开明坦诚的，孩子根本不用想尽办法去隐瞒失败，更不用承担说谎的心理压力了。

如果像监狱犯人的母亲一样对待孩子，不但是对孩子的一种伤害，更重要的是，这会让孩子受到不好的影响，会在父母的不良行为中把欺骗当作一种应对的手段。如果父母不希望孩子隐瞒实情的话，就要学会与孩子彼此信任、彼此坦诚，才能从根本上解决问题。

了解不代表占有，隐私绝不可偷窥

孩子日渐成熟，他们不会再像从前那样积极地向父母汇报学习情况；

听懂孩子的话，读懂孩子的心

他们时常对着手机里一条短信莫名地傻笑；日记本上锁，孩子根本就没有给父母看的意思。这个时候的孩子已经开始注意保护自己的隐私，他们视此为神圣不可侵犯的领地，甚至他们的父母都不能踏入半步。所以，父母请尊重孩子的隐私。

但是，偏偏有些父母隐忍不住他们好奇的心理，他们绞尽脑汁窥探着孩子的隐私。父母想搞清楚，孩子究竟是怎么了？于是，窥探孩子的秘密竟成了许多父母的嗜好。孩子的自尊心也会因父母的这种行为而受到伤害。

几个已经读高中的女生经常聚在一起探讨："现在，我越来越认为没办法和父母沟通了。父母的良苦用心我明白，但他们也不能以爱之名来窥探我的隐私吧，现在我对他们已经没有什么信任感了，他们这样做的后果，严重影响了彼此的感情。"显而易见，这是当下孩子和父母间的主流矛盾。

一个名叫赵红的女孩读五年级了，在妈妈眼里她一直都是乖女儿，但一个偶然的机会，妈妈惊讶地发现，赵红竟藏着许多秘密。

一个周末的下午，在家打扫卫生的妈妈像往常一样帮女儿整理房间，无意间发现了赵红遗忘在床上的抽屉钥匙，平时女儿总是把这个钥匙随身带着。妈妈犹豫了几秒钟，终于忍不住好奇，打开了抽屉。妈妈在打开抽屉后被惊了一下——抽屉里全是歌星和影星的海报、CD，妈妈对此感到十分生气。在她看来，一个十几岁的女孩应该将学习放在首要位置，女儿的喜好让她痛心不已。晚上女儿回来后，妈妈不问缘由便训斥了女儿一顿，还动手打了女儿。

事后，赵红给妈妈写了一封信，她说："如果说孩子没有隐私，那绝对是错误的！每个孩子都有属于自己的一片神圣不可侵犯的领地，大人也应该尊重孩子的隐私，请妈妈还我一片自己的天空。"妈妈看了女儿的信后，知道自己做错了，于是进行了自我检讨。

后来，妈妈再也没有侵犯赵红的隐私。妈妈表示，不管你是否愿意，孩子真的在慢慢长大，她有自己的私人空间，有自己的情感世界。在孩子成长的过程中早已播下了"个性"、"自我"、"平等"的种子。

当父母发现，有的事情孩子不想让他们知道时，就没有必要刻意追问，更不能想方设法偷偷打听、窥探。父母应该从心里对孩子产生信任感，当孩子感觉到父母的坦荡之后，自然会受到感染，内心也会坦荡起来，从而以一个真实的自己出现在父母面前。因为他们相信父母会尊重自己，他们就会把自己的想法告诉父母。

每个孩子都是一个完整的人，他有自己的隐私权。如果父母无意间发现了孩子的秘密，千万不要虚张声势抖搂出孩子的隐私，而应该替他们保密。否则会让孩子觉得自己的自尊心受到了伤害，同时他们会对父母失去信任。如果父母发现孩子有不良思想和举动，可以通过说服教育等途径加以引导。及时找孩子倾心沟通，才是最行之有效的方法。

现如今的父母对孩子有太多的干涉，孩子几乎没有什么秘密可言。我们不要成为那样的父母，而要允许孩子拥有自己成长的秘密，虽然父母都想知道孩子的想法和秘密，但是绝对不能用强硬的方式获取孩子的隐私。

听懂孩子的话，读懂孩子的心

一个15岁的男孩，在学期末的一天放学回家，拿回一本毕业纪念册，里面少不了同学们温馨的祝福、无伤大雅的玩笑和有创意的幽默搞笑作品等。这是毕业生的传统，从小学到中学都是如此。

爸爸看见书桌上的纪念册，随手拿起来翻看。正好被男孩看见了，他不同意爸爸翻看他的纪念册，当即拿走。妈妈见状更加好奇，趁他不注意，再一次拿起来翻看。男孩有些生气，拼力去夺。那愤然的眼神和动作很是让妈妈过意不去。

"他不愿意给我们看，那就算了。"一旁的爸爸劝说道。

"他的隐私我还不能知道吗？我是他的妈妈，我偏要看看。"妈妈觉得自己没有错。

许多父母总是认为，小孩子的东西，父母看一看又能怎么样呢，跟父母没有必要保密。他们想要一个"透明"的孩子，他们为孩子有了自己的秘密而惴惴不安。事实上，孩子有秘密是很正常的。一个15岁的男孩，如果没有自己的秘密，那反而是不正常的。

没有秘密、从不走神、没有一丝迷惘和忧伤的青春，那岂不是一杯无味的白开水。所以，在孩子青春苏醒的时候，请让他们拥有自己的秘密。

面对"追星"的狂热，父母要理性对待

小越读初二，是一个典型的追星迷。因为喜欢蔡依林，小越每天都用很多时间去收集和偶像有关的新闻，和同学打电话讨论偶像的动向，甚至花很多钱去买偶像演唱会的门票。小越对蔡依林的痴迷几乎到了疯狂的程度，偶像的资料她都能倒背如流；每当偶像发了新专辑，她在预售期就要买到。

不仅如此，小越的穿着打扮、举止言谈也极力模仿蔡依林。妈妈见女儿不好好学习，就没收了小越所有关于明星的东西。小越为此跟妈妈开始冷战，还说如果妈妈不道歉，自己就不原谅她。

很多父母反对孩子"追星"，当他们知道孩子有了喜爱的明星偶像的时候，这些父母总会显得焦躁不安，实际上不必这么大惊小怪。站在另一种角度来看，孩子追星是青春期的正常心理表现。对于绝大多数青少年来说，渡过了这个阶段，"追星"的热情也就没有那么高涨了，到那时已经成熟的他们就会把当年的追星行为当成一种美好的青春回忆。

青少年追星大致有三种情形：（1）明星的技艺和性格受到广大青

少年的追捧；（2）青少年对明星的拼搏精神、顽强毅力等优秀品格的钦佩与崇拜；（3）青少年盲目地崇拜明星的外表、言行或某种动作。

孩子之所以"追星"、崇拜某个偶像，一定有他们的心理动机。比如，偶像身上有他们所向往以及他们在现实生活中所不具备的东西。

青少年正处于自我发现和自我确定时期，出于自我认识的需要，此时他们需要一个模式来作为参照，偶像是他们心中理想自我的载体。因此，当孩子有很多梦想无法实现的时候，他们就会以追星为载体从而达到心理平衡的目的。

在众多明星中，孩子喜欢哪种性格类型的明星，自然而然那个明星就成了他追逐崇拜的偶像，进而就产生了成为偶像那种人的念头。有了认同的偶像，并从偶像身上获得希望和理想，青少年就会感觉自己的人生有了奋斗和努力的方向。

比如，有的孩子运用电脑的能力非常棒，那么比尔·盖茨就有可能成为他们崇拜的对象。这些孩子在日常的学习和生活中就会注重学习比尔·盖茨坚韧不拔、善于创新等品质。这时，比尔·盖茨就会成为孩子的超级榜样，能不断地激发孩子努力奋斗的兴趣。

处于青春期的孩子已逐渐地意识到自己是一个独立个体，他们有了自己的想法，产生了自己的需要。因而，他们喜欢某一类型的明星恰恰是成长的需要。很多孩子很反感家人干涉他们崇拜自己的偶像，因为这种干涉行为让孩子感觉自己的自主权受到了侵犯，自己的选择没有得到大人的尊重。

同时，青少年追星还出于情感的需要。青少年的情感世界比较独特，他们喜欢和素昧平生的人交流，享受着陌生而又好奇的亲密感，只要自己认为安全就OK，这样一来也就有了精神上的依赖。

很多孩子喜欢关注那些远离自己生活环境的人物。有可能因为某个瞬间，他们就会对某个领域的知名人物心生好感。也许在刹那间，某个明星的一首歌打动了孩子的心扉；或者某一场比赛中某个明星的表现令他们激动不已，大有相逢恨晚的感觉。就这样，偶像的出现给他们带来了激情和生活的力量。

小雪原本不喜欢"追星"，甚至有一段时间对别人"追星"感到很费解。有一次，班里的一个女生因为看《流星花园》上学迟到了，被老师批评了一顿。小雪当时想，四个男人一台戏，这有什么好看的？这个同学为什么那么迷恋呢？

小雪没有想到，几年后的一个夏天，自己会因为林俊杰的一首《冻结》而被折服得五体投地。当听到这首歌的旋律时，小雪被深深地打动了，仿佛时光回到了熟悉的从前。从这之后，小雪家里的电视节目几乎全部沦为娱乐频道，每当有JJ的报道出现，小雪都会热切地关注。有时，小雪还在网络上搜索有关林俊杰的资料。对于他的每一首歌、每一句歌词，小雪都烂熟于心。那时，小雪的妈妈总是夸张地说，拿出追星时间的千分之一去背书，考试肯定不会出差错。

小雪庆幸自己并没有偏离主航线太远，因为她知道什么是自己要追求的。当时"追星"的执着与疯狂已成为过去，如今的小雪依旧爱音乐，喜欢JJ的歌，但增添了许多理智。小雪感到自己无悔于年少痴狂的岁月，因为它将青春变得更加绚丽多彩。

青少年追星的另一个原因是从众心理。在中学生中，追星现象很普遍，很多孩子看到别人"追星"，为了不被别人看成"落伍"，也不知不觉地成为追星一族。

其实，父母并不一定非得反对孩子"追星"，而是应该教孩子把握好追星的"度"。崇拜偶像是精神层面的追求，并不是全部的模仿。如果孩子将过多的精力、金钱和时间花费在了追星上，造成了盲目追星的状况，那就大错特错了。因此，父母应该正确对待孩子的"追星"问题，不能助长孩子过分"追星"的习气，必要的时候，要对孩子的行为进行干预。

父母要指导孩子，不要把明星理想化、神圣化。

父母应该让孩子明白，明星虽然有光彩耀眼的一面，但并不代表他们就都是完美的，他们也有自己的缺点。

小荷今年13岁，对某个女明星非常喜欢、着迷，这个明星在她的心里就是淑女的完美化身。小荷特别羡慕这个女星有一双大而清澈的眼睛，还常对同学说她是"美丽、纯洁的玉女"。

小荷的爸爸有一个记者朋友，得知小荷这么喜欢自己的偶像，于是就给她争取到一个探片场的机会。探片场当天，小荷穿上自己最喜欢的服装，高高兴兴地和记者叔叔去了影星拍戏的现场。

小荷能有机会见自己的偶像，实在是太难得了。爸妈猜想女儿这次终于圆了心中的一个梦想。没想到小荷却绷着脸回来，把自己锁在屋里,谁都不想见。朋友说,就在他们刚刚到达拍摄现场的时候,偶然撞见了女星和记者吵架的一幕。女星的出言不逊破坏了她在小荷心中的形象。这一幕对于小荷来说实在是难以接受,因为这和她想象中的差了太多。

在这次之后,小荷就再也不看这个女星的任何节目了。有时小荷甚至认为名人都是大骗子。

其实,父母最应该做的就是让孩子认识到,每一个人既有优点也有缺点,镜头里的明星总是呈现出最好的一面。这并不代表明星没有缺点,只是人们还没有了解到。这样能让孩子接受明星的不完美,让孩子懂得明星也有普通的一面。当孩子接受了这样的理念后,也就不会再出现盲目追求明星的事情了。

为了正确地引导孩子,父母应该尊重和理解孩子,不妨和孩子一起"追星"。

孩子崇拜偶像,有他们自己独到的见解和原因。父母只有了解孩子,尊重孩子,才能有机会和孩子谈"追星"的问题。父母针对明星发表的客观言论,无形中影响着孩子的人生观和价值观。通过和孩子一起追求明星,不仅跟上了时代的步伐,也促进了亲子关系,其乐融融,何乐而不为。明星身上的正能量也是父母可以借助的能源之一、父母借助这些积极的能源,鼓励、激励孩子成为像所崇拜的明星那样的人物。

美国电视剧《成长的烦恼》中,有一个关于父亲陪孩子一起"追星"的故事。

迈克是一名初中生，他喜欢的一位摇滚巨星将要来自己的家乡开演唱会。迈克得知此消息后感到无比的兴奋。但是演唱会的票难以买到，于是迈克打算用去年父亲给他的生日礼物去跟朋友换一张票。

迈克的父亲杰森知道后，就花高价买了两张票，和儿子一起去看演出。演唱会结束后，父子俩在演唱会门口接受了某家电视台的采访。杰森告诉记者，能和儿子一起追星，这种感觉太棒了。当时，迈克为父亲夸张的样子感到很难为情，要知道，同伴们都是自己来看演出的。

但是，迈克的同伴都羡慕地对他说："你真幸福，能和老爸一起看演唱会。"迈克渐渐地明白了父亲为自己付出的代价，终于认识到父亲是一个"与众不同的爸爸"，并为此感到骄傲。

孩子在成长的过程中会遇到各种各样的问题，父母所持的态度和做法，对孩子具有不可估量的作用。父母只有尊重孩子，和孩子一起成长，才能让他们走上正确的人生之路。

为了正确地引导孩子，父母应该注重让孩子培养多种爱好。

父母应该充分利用孩子的课余时间，多带孩子去看看外面的世界。这样，孩子的兴趣会更广泛，会从各个方面获取知识、汲取营养，并通过比较所接触的各种人和事，学会分辨和选择真正有价值的东西。

有的父母认为外面的世界诱惑太多，孩子还是在家里最安全，于是孩子只能终日与电视、杂志为伍。其实，这对青少年的成长是极为不利的，青少年缺少阅历，社会经验就会少，随之而来的是判断是非的能力较弱，喜欢一些表面光鲜而缺乏内涵的东西。

因此,父母应该注重培养孩子广阔的知识面和多种爱好,从而让孩子增加阅历、提高修养。

第二章
语言有多样性，听懂孩子的话外音

"你让别人家的孩子做你孩子吧!"

"你让别人家的孩子做你孩子吧!"相信很多家长都听到过孩子说这样的气话,但是孩子为什么会赌气和家长这样说呢?因为孩子经常会听到父母说这样的话:"你看那别人家的孩子……"每个孩子可能都曾被这个和自己毫无关系的"别人家孩子"搞的头昏脑涨。其实,每个孩子都是与众不同的,他们不是别人的影子。为了让孩子把自己的个性最大限度地发挥出来,让孩子做最真实的自己,父母就应该避免拿自己的孩子与他人比优劣。

生活中,多数父母都喜欢拿自己的孩子与别人的孩子比,其中比得最多的是孩子的学习成绩,父母这样做的目的是希望孩子在比较中看到差距,然后努力学习,提高成绩。但这却会挫伤孩子的自信心和自尊心,严重的还会使孩子变得自卑。

和李威一样上初中的表哥张亮经常来李威家玩,每次妈妈都会问张亮最近有没有考试,考得怎么样。张亮每次都自豪地回答:"我的各科成绩都在90分以上,是全班第一名。"妈妈就会夸奖他一番,然后就会冲着李威说:"看看你的成绩单,没有一科成绩在80分以上。

难道咱家的学习环境比你表哥家差吗？你真让我感到失望。"

这让李威觉得自己是一只丑小鸭，永远也没办法和表哥比，情绪很低落，成绩也越来越差。

孩子会因为家长经常拿自己和别的孩子做比较而受到负面的心理影响。父母经常这样做的后果，会让孩子产生很多负面情绪，不单单是不开心，更有甚者还会感到恐惧、愤怒和嫉妒。拿别的孩子和自己做比较，进而贬低自己，小孩儿会认为这是父母不爱自己的表现，因此会越来越感到自卑。

美国学者戴维·路易斯在他的《教育孩子四十条》中，有这样一条："从来不对孩子说，他比别的孩子差。"当然，父母用名人事迹来鞭策孩子作为学习榜样也是无可厚非的。但一定要注意方式方法，千万不要用挖苦的口气，借别人的长处来贬低自己的小孩，这样的做法是错误的。有时候还会引起孩子的不满和顶撞，影响家庭和睦。

在生活中我们经常可以看到这样的现象，妈妈对儿子说："看看人家，人家都能考100分，怎么就你只考了80分；人家当班干部，你连个小组长都没有当上；人家在学校运动会上都能取得好成绩，怎么就你排名最后呢，你真是太不给我争气了，你除了捣蛋，一无是处！"

有一次，儿子实在忍不下去了，就生气地冲母亲喊："妈，你瞧瞧人家李阿姨当局长，你为什么只当小科长？人家张阿姨月薪一万，你怎么就三千呢？隔壁邻居有最新款的电视机，咱们家怎么就是个二手电视？你太让我没有面子了！"

妈妈一愣，忙说："儿子，你怎么能说这样的话，人和人能比吗？"

儿子说："那你为什么经常拿我跟别人比啊？"

妈妈哑口无言，竟无言以对。

仔细想想，生活的确就是这个样子，父母教育孩子要方法得当，千万别拿别人家的孩子和自己的孩子做比较。每个孩子都有优缺点，如果总是拿人家孩子的优点和长处比自己孩子的短处和缺点，岂不是在打击自己孩子努力奋进的信心。相反，孩子的缺点被父母用平常心来对待，并被鼓励扬长避短，孩子也会因为这样的鞭策方式而变得优秀起来。

长期处于比较中劣势地位的孩子，会逐渐认同客观的评价，主观上完全对自己失去信心。尤其当别的孩子长期作为比较对象时，处于劣势一方的孩子就会认为自己已经没有继续待在这个家庭中的价值了。孩子一旦有这样的负面情绪，其自卑感会影响到他对生活的热爱和信心，而也许他原本是一个聪明上进的孩子，只是调皮了点，或是贪玩了点，或是学习成绩稍差了点。所以说，父母的一句话可能会影响孩子的一生，这并非危言耸听。

听懂孩子的话，
读懂孩子的心

"我就是不想学习，我不上学了！"

"我就是不想学习，我不上学了！"很多家长应该都遇到过孩子这样言语的对抗，孩子说这样的话是真的不想上学，决定不去学校了吗？相信没有一个家长会这样认为。但孩子出现了这样的逆反情绪和行为，家长应该怎么办呢？

我想，家长这时候首先应该在自己身上找问题的原因，在面对孩子厌学或者成绩不好时，要教导孩子如何控制自己的情绪，减少和孩子的冲突。家长还应该改变"严厉出孝子"的观念，尝试着去做让孩子非常感动的一些事情，让孩子体会和明白家长对他们的关爱，然后再以沟通交流的形式教育并引导孩子制订正确的学习计划。

李大乐在读初中二年级，情绪经常处于不稳定的状态，平时常与家长发生冲突。他非常痛恨自己的家长，经常与家长发生口角，曾数次在与家长争吵后，偷了家里的钱出走，最长一次甚至待在网吧里三天两夜，平时更是无心学习。尽管家长为他请过好几个家教，但都无法改变他，李大乐的家长为此痛苦不已。孩子嘴里说讨厌学习，其实只是为了反抗家长而故意说的气话，其实孩子内心非常想提高自己的学习成绩，孩子也渴望在每次考试后像其他孩子一样能得到家长赞赏的微笑。但李大乐的爸爸性格暴躁，李大乐每次没考好都要受到家长的责骂。他以前曾尝试着向家长说出自己的想法和内心的感受，但还没说几句话就遭到家长的大声呵斥，后来李大乐便干脆拒绝与家长沟通，回到家就回自己卧室了。

水可载舟亦可覆舟，家长和孩子的关系也可以这样描述。多少家长都在说，孩子越大越不听话，玩游戏的时候可有精神了，一提到学习的时候就喊累……孩子厌学，已经成为不少家长的难题，孩子没有了学习的兴趣，也从不主动学习，都是家长让做什么，孩子才会去做什么。有的孩子甚至把课本都撕了，家长也没有办法。所有的孩子，在幼儿时期或者少儿期都喜欢涂鸦、画画，而到了12岁以后基本上就不怎么画了，随着孩子的年龄增长，孩子的能力也在不断地提高。画出的作品与自己的审美要求及想象相差太远，孩子又没有办法改变当下状况，这时孩子才不得已放弃画画。其实，仔细观察孩子在遇到困难时的表现，他并不是一下子就决定了不做，他也会尝试着去克服困难。但毕竟孩子的能力有限，当他感觉解决不了时，最后只能选择放弃。当孩子遇到这样的情况时，家长的表现很重要，一次不经意的对孩子学习上的否定，都会造成孩子的退缩。随着年龄的增长，孩子学的知识也在逐步加深，这也使孩子本来学习的情绪有所下降。再加之家长的不帮助，而要求孩子单独去做，去面对一些难以解决的事情，久而久之，就会让孩子产生厌学情绪。

现在的家长都热衷于给孩子报课外学习班，觉得好像这样就能使孩子的学习好起来。家长自己不愿去研究孩子到底遇到了什么问题，为什么不喜欢学习。反过来总是严厉的要求孩子考多少分，多少名次，一点都不去想孩子为什么学习下降，盲目地认为是因为孩子学习不用功。而且家长在平时没有给孩子自由的空间，不是总是管着孩子，就是把孩子交给补习班，而且还给孩子加压，说一些类似"我给你花钱了，你就得好好学习"的话。家长是孩子成长道路上的帮扶者而不是监工和施压者。不管是学习课本上的知识还是其他什么，保护和培养孩子的兴趣是非常重要的。如果孩子在兴趣极大的情况下，暂时遇到了困难，那么在这种阶段的孩子是最好帮助的。如果孩子屡战屡败，那么孩子就会失去信心，这时，家长要学会和孩子沟通时候的技巧，不管出于什么原因要先肯定孩子的优点，给孩子一点时间和空间，并且还要耐下心来，先激发兴趣、鼓励、表扬、肯定孩子，给孩子支持与理解，让孩子觉得自己行，同时给孩子提供能够解决问题的方式和方法。

"我的孩子不喜欢上学怎么办？""我的孩子不用功学习怎么办？"不少家长整天为这些问题而忧心忡忡。其实，孩子大多是愿意通过学习去了解新事物的。可是，随着孩子年龄的增长，有些孩子的确会变得很讨厌上学、讨厌学习。造成这种情况的因素有很多，家庭因素影响所致的却占了大多数。一个不爱学习的孩子说："我是个不喜欢学习的人，我喜欢自由自在。我讨厌学习，我感觉学习没有什么意思，但上学也是一种乐趣，让我懂得做人和好多道理。我不想让别人老是在掌控我的生活，我要有自己的主见，去做自己喜欢的事情。"这是孩子的心里话，孩子是有自己的思想的，愿意做自己想做的事情，不想被家长过分地干预。

教育专家认为，其实，每一个孩子都有很强的求知欲，没有真正不爱学习的孩子。孩子厌学只是孩子学习过程中的一个消极状态。事实上，现在的孩子比以前的孩子要学的东西多得多，他们接触的社会信息也比家长多，而家长只是单一的要求孩子学习成绩的提高，没有考虑孩子很容易接受和吸收新事物的情况，这也是一种家庭教育的误区。孩子不是不爱学习，而是愿意学习自己喜欢的知识，如美术、散打、音乐、绘画、电脑、体育活动等方面的知识，不愿意学习文化课知识，而且严重地偏科。分析这些不爱学习文化课的孩子，不是对学习没有兴趣就是因学习成绩不好而遭到家长训斥导致学习兴趣不高，最后变得不爱主动学习。所以孩子才会在学习上处于一种被动的状态，不爱主动的学习文化课，认为学习没有意义。这时候就需要家长和老师的配合，用多种办法去改变孩子。家长和老师要从思想上引起重视，学校和家长互相默契地配合和支持。

所谓厌学，就是学生对学校的生活失去兴趣，产生厌倦情绪，不愿意从事各种学习活动，比如听讲、做作业、温习功课等。客观地讲，厌学作为一种心理状态，并不是某些学生所特有的，而是所有学生在某种程度上共同存在的问题，只不过有轻有重，有的表现得很明显，有的暂时没有表现出来而已。随着升学压力越来越大，家长对孩子的要求越来越严格，孩子对家长和学校的反抗只能体现在学习上，本来课程就很难，孩子学习的时候已经很吃力，加之这些主观的压力，孩子就会有意识地反抗。

当孩子讨厌上学念书时，家长应先检讨一下自身有无以下行为：容易生气，动不动就打骂孩子；从不称赞孩子，总是嫌孩子做得不够好，总要求孩子考试得第一名或者满分，不给孩子足够的娱乐时间，只要孩子一打开电视便会问功课做好了没有，为什么总是看电视；给孩子布置额外的家庭作业。

除此这些,像父母关系不和、家庭生活不协调、双亲外出工作等,都会影响孩子的学习情绪,使他无心念书。因此作为家长,必须注意孩子身心成长过程中的问题,理解孩子、尊重孩子,帮助孩子养成良好的学习态度。

孩子的回答为何漫不经心

"知道了!"当家长很认真地和孩子讲话时,发现有时孩子的回答总是这样漫不经心的三个字。这让家长很苦恼,不知道如何处理,是严厉地教训还是耐心地重复。其实,孩子会这样敷衍主要的原因还是在于孩子觉得没有意思,不值得一听,或者已经听过好多遍,在这些情况下,孩子的内心都会倍感厌烦。这时,即使对方讲得有声有色,声情并茂,声泪俱下,孩子也能够对其产生免疫,这时孩子只知道有声音在自己的耳边嗡嗡作响,但是却不知道声音所传达的实际内容是什么。就好像声音从左耳朵进来,直接就从右耳朵出去了,在大脑中没有任何逗留,也没有给自己留下什么印象。

例如,妈妈又在批评儿子不讲卫生,长篇大论,啰啰唆唆,一个意思反复地讲,儿子在听,但是却根本没有听进去。最后的时候,妈妈高声地问:"听见没有?以后注意点!"儿子假装认真地点点头,说:"知道了!"但是,如果你问他,妈妈究竟说了些什么,其实他根本就不知道。

为什么孩子能够做到在接受批评时心不在焉、漫不经心，听到和没有听到一样呢？这实际上体现了人们普遍存在的一种忽视心理。

当孩子对一些声音信息不感兴趣、感到厌倦，或者专注于其他事情时，就会减弱对这些信息的感知，忽略其具体的意义，对其不经过任何的处理就轻易地放过去，于是在大脑中不会留下深刻的印象。很多时候，这是一种下意识的行为，此时孩子的注意力处于一种游离的状态，它也在捕捉一些信息，但却是很随意的。对一些有特色的、对意识有所刺激的话会留下一些印象，而对其他内容则不会留下印象。比如，老师在讲课，但是有些学生却不愿意听，注意力并不集中，虽然老师说的话也会从他耳中过，但是却不会留下什么印象。偶尔有些有意思的话，会对意识有所刺激，才可能留下一定的印象。

一次，老师发现小明在课堂上没有认真听讲，就把他叫起来，问他刚才讲的是什么，小明当然没有听进去老师讲的内容，于是他苦思冥想，想记起老师说过的话，突然他想起一句，急忙就说："皇帝在光着屁股走路。"教室里哄堂大笑。原来老师正在讲《皇帝的新装》这一篇课文。老师确实说过这样的一句话，但是这不是课文的重点。小明在无意识的状态下，觉得这句话很有意思，就选择性地记了下来，相比别的内容，在大脑中留下的印象更深刻一些，于是他就想起了这一句。

听了但是没有听进去，这就是选择性记忆的表现，它反映的是孩子对

信息的一种选择性记忆，它与孩子的态度有很大的关系。选择性记忆在一定程度上体现了孩子敷衍的、不认真的态度，但是很多时候，也代表着一种宽容，当听到别人说自己坏话，听到了就算了，马上忘记。如果斤斤计较，耿耿于怀，反而让自己不痛快，也影响彼此的关系。如果妈妈长时间地对儿子唠叨，就会影响母子之间的关系。

当父母知道了孩子有可能会选择性记忆后，就不要对孩子说那些重复了很多遍的、被孩子称为老掉牙的话了。否则不只是自己白费口舌，对孩子改正错误根本没有任何益处。

孩子的反驳并非是对你的不敬

在教育孩子的时候，父母经常会遇到孩子回嘴、反驳、顶撞等看似不礼貌的行为。面对这种争辩，有些父母会将孩子的这种行为视为对自己的不尊重，是一种不礼貌的行为，于是狠狠批评孩子，甚至打骂孩子，希望孩子以此为戒；而有些父母则给孩子争辩的权利，认真地听取孩子陈述争辩的理由。

到底应该怎样面对孩子的争辩呢？德国儿童心理学专家认为，孩子敢于同父母进行争辩，是一种自信的表现，长大后会比较合群和有创造力。汉堡大学心理学家安格利卡·法斯博士说："隔代人之间的争辩，对孩子来说是走上成人之路的重要一步。"

颜先生身为某市科技协会副主席，对儿子在学校的表现充满期待，他希望儿子当个三好学生。可是儿子上初三了还没有当上三好学生。一次，儿子把取回的成绩报告单交给他时，他发现儿子的成绩很好，但老师的评语中有一条是：上课喜欢做小动作。于是他生气地数落儿子。

听了爸爸的指责，儿子坐在沙发上大哭起来。等颜先生说累的时候，儿子突然对他说："爸爸，你能不能听我讲个故事？"颜先生感到很奇怪，就答应了儿子。

儿子讲的故事是：两个小组参加一次竞赛。预赛中，甲组因为某同学造成的失误，致使最后的成绩很不理想，于是全组成员一致声讨了那位出错的同学。在决赛中那位同学很有压力，表现得很紧张，结果又出错了，最后甲组被淘汰出局。预赛时，乙组也有一位同学出现了失误，但大家没有对他进行过多的指责，而是一再鼓励他，提醒他放松些，结果在决赛中那位同学发挥很好，他们赢得了最终的胜利。

听完故事，颜先生不免有些吃惊。他有些不好意思地坐到儿子的身旁，问他还有没有要说的。儿子说："我们班里得到三好学生的同学，他们大多在五好家庭的环境中成长。"颜先生听懂了，从此他对儿子不再指责，而且允许孩子与自己争辩，因为他从儿子的争辩中得到了很多启发。后来，儿子被重点大学录取，在这期间，儿子获得了很多荣誉。

面对不满的事物，孩子有权发表自己的意见。敢于与父母争辩，证明孩子的勇气、精神可嘉。允许孩子与父母争辩，可以为父母竖起一面镜子，父母通过听取孩子的争辩来检验自己的教育方法是否得当，说的话是否在理，如果发现不妥之处可以随时调整，这对教育孩子是有好处的。

孔子也曾表达过这样的看法：父亲有敢于争辩的儿子，行为就不会无礼。孩子同父母争辩的时候，往往是他们最得意的时候。在这种兴奋的状态下争辩有助于孩子大脑的发育，并且可以体现出家庭民主的气氛，增强孩子的语言表达能力。研究发现，敢于同父母争辩的调皮孩子长大后大都有较强的交际能力，这对孩子将来的发展是大有好处的。

在一场家长交流会上，一位身为教师的父亲说，教学生不是难事，但是教育儿子却不得法。他儿子头脑聪明，很顽皮、好动，经常惹他和妻子生气。而当他批评儿子的时候，儿子竟然敢和他争辩，这让他大为不悦。于是劈头盖脸地打儿子，从小一直打到他上小学三年级。

有一天，儿子要父亲给他买一些图书，但是他没有同意，儿子就跟父亲理论，最后他们争辩起来，后来他被儿子一句话顶得哑了口，就打了儿子一顿。打完之后他发现儿子的眼神中充满了仇恨，这不禁让他大吃一惊。

第二天，他对儿子说："爸爸今天陪你去书店买书，你看中的书只要有助于你学习，爸爸就给你买。"儿子对他投来了怀疑的目光，似乎在怀疑他的真诚。他耐着性子又向儿子复述了一遍，就骑车带儿子来到书店。在路上他问儿子："爸爸昨天打你了，你有什么想法？"儿子沉默不语。他又说："爸爸保证，一定不会发火，不打你，你把心里的想法告诉爸爸。"儿子看父亲态度诚恳，就说："当时我恨死你啦！""怎么个恨法？""恨得骂你。""骂什么呢？""骂你是个鬼……"他一听，大为吃惊。

从那以后，他再也不打儿子了。面对孩子的争辩，他控制自己冷静下来，认真倾听儿子的想法，并用晓之以理的做法回应儿子的争辩。说来也怪，儿子慢慢对他产生了好感，变得懂事多了。家里有了民主的氛围，再也没有"火药味"了。

给孩子自由发表意见的权利，允许孩子争辩，是促使家庭民主的重要方式。因此父母应该树立允许孩子争辩的观念，不要认为孩子与自己争辩是丢面子的事情。如果父母因为孩子调皮不听话，喜欢与自己争辩，就认为孩子不尊重自己，那就错了。

父母同意孩子和自己争辩，这不是坏事，父母要善于从孩子的争辩中获得孩子的想法，孩子也可以在争辩中锻炼自己的思维能力和口才。若孩子获胜，孩子就会从中找到一种成就感和喜悦感，既让孩子认识了自己的能力，也借机锻炼了自己的意志。因此，父母应该给孩子营造一个平等的氛围。在争辩的过程中，父母应正确引导，以德服人，不要觉得一旦孩子和自己争辩，孩子就不再是个好孩子了。

听懂孩子的话,
读懂孩子的心

孩子的沉默并不代表认同

这是一个幼儿教师讲的故事:

班上有个叫东东的小朋友,特别调皮,总爱闯祸,总是有小朋友不断地向我报告他的"罪行"。不知不觉,东东给我留下了一个很坏的印象:淘气捣蛋。于是,以后每当东东与其他小朋友发生争执,我总会认为是东东不好,总是先批评他,而他也总是嘟着嘴巴,一脸的不服气。

一天,又有小朋友来告状,原来东东把几盒橡皮泥放在了水里。我一听,冲进洗手间就质问东东:"你为什么要这样做?橡皮泥是用来泡在水里的吗!"没想到东东漫不经心地说了一句:"反正你也不会听我解释的。"

我对东东有成见是有原因的,他曾经把龙虾的钳子拔了,龙虾死了;拔小朋友头发;和小朋友打架……所以,在我看来他是一个淘气的小家伙,每次出问题都有他,我也不想听他做什么解释。

实际上,很多事情还有背后的原因:东东认为龙虾的钳子会伤害到小朋友,所以他拔了,其他小朋友告诉了我这事;东东本想把小朋友头上的草拔下来,没想到连头发也拔下来了,这是东东爸爸对我说的;东东和小朋友打架,是因为东东的朋友挨欺负了,东东为了打抱不平才和他打了起来。很多事情我都没有了解清楚,就先批评东东,怪不得东东会说:"反正你也不会听我解释的。"

从那以后我改变了对待东东的态度,也逐渐改变了自己的教育方法。当孩子之间再有纠纷发生的时候,首先,我会了解清楚情况,并给孩子解释的机会,然后再酌情教育。这样一来,小朋友们越来越信任我、喜欢我了。

这个故事让人产生了联想,其实家长在家庭教育中也会犯同样的错误。当家长认为孩子犯了错时,有没有给孩子解释的机会呢?

如果孩子犯了错,家长不问清楚缘由就对孩子进行指责,甚至是打骂,这样很容易让孩子产生逆反心理,也不利于问题的解决。

所以,很多时候家长都是不闻不问就斥责孩子。不管怎么样,家长一定要先让孩子自己把事情的经过说清楚,然后再下结论,这样对孩子才公平。

小泽是一家外资企业的部门经理,工作非常忙,有时候根本顾不上照顾自己的女儿。于是,她把孩子的姥姥从农村接过来,希望老人在这里帮忙照顾一下孩子,同时也让老人享受一下城里的生活。

小泽的女儿很懂事,每天都带姥姥出去散步,还用自己平时攒下的零花钱给姥姥买鲜花。姥姥逢人便夸奖自己的外孙女:"我外孙女太好了,我这么一大把年纪了,她是第一个给我送花的人!"

听懂孩子的话，
读懂孩子的心

一天，小泽刚回到家就听到鸭子的叫声，推门一看，果不其然，真是鸭子。忙碌了一天的小泽，看到家里乱乱的样子，不免心烦意乱，张口就训斥孩子："马上就中考了，还有心思弄这些东西？乱死了！"孩子正要解释，小泽不给女儿这个机会直接说："我不想听你解释，马上把它们扔出去！"说完就要去抓那几只小鸭子。这时，孩子哭了，欲言又止，赶紧跑回自己的房间不出来了。

生气的小泽还想追进孩子的房间继续教训，孩子的姥姥拦住了她，对她说："你错怪孩子了，这是孩子怕我一个人在家闷，她买给我的。你别骂孩子了，你要是不喜欢可以拿去送人嘛，干吗朝孩子发这么大的火？"

小泽听后十分后悔，原来是自己错怪了孩子。

生活中像小泽一样的妈妈非常多，常常会有这样的情况发生：孩子犯了一个小错，妈妈便单凭自己了解的情况就对孩子的行为做出评价和责备，当孩子申辩和解释的时候，妈妈就会更加生气，心想："你犯了错还狡辩？"于是，对孩子大声喊道："你给我闭嘴！"孩子的委屈又有谁能体会得到？即便事后家长对孩子道歉，对孩子心灵造成的伤害也于事无补。

身为家长，当孩子做错事情的时候，一定要先给孩子一个解释的机会，千万不要先妄下结论。你可以说："好吧，和妈妈说说当时的情况。"当孩子解释之后，如果你觉得并不是自己想象的那样，你应该说："我理解你的想法了！"

家长不给孩子解释的权利，孩子今后就真的会放弃自己申辩的权利，他们心里的委屈只有自己知道，久而久之就会形成心理疾病。所以，在孩子犯错误以后，一定要给孩子解释的机会，解释是孩子具备的基本权利，也是保证孩子身心健康必不可少的一个环节。

第二章 语言有多样性，听懂孩子的话外音

第三章

耐心倾听,才能懂得孩子话中的真正含义

不要总用"忙"来拒绝孩子

"等会儿再说,没看我现在很忙吗?"相信很多父母,都对孩子说过这种话。也许说这句话时,父母可能并没有觉得有什么不妥,但在孩子看来,这种态度表明了父母不把他当一回事。久而久之,就会让孩子形成一种"做什么都没意义"的感觉,因为在父母眼里孩子的事永远没有自己的事情那么重要。

父母以为,这样轻松的一句话,就能让孩子闭嘴。"反正只是孩子,拒绝一下又何妨?他们不会往心里去的!"然而,孩子真的如你想象得那般好打发吗?

这学期,学校开了一门新课——手工课。这门课上,老师会教大家绣十字绣、做棉垫等。细心认真的小洁对于这门课真可谓是得心应手。

这天,小洁绣了一只很逼真的小兔子准备拿给妈妈看。这时,妈妈正在炒菜,头也没抬一下说:"赶快拿走,没看见我正在忙吗?没空听你这破事,别在这里添乱!"

妈妈的话让小洁不禁有些失落。她走出厨房,看到了坐在沙发上

看报纸的爸爸。她赶忙跑上前,拉着爸爸的手臂说:"老爸,您看,我绣了一只小白兔!"

小洁原以为,爸爸会夸奖自己一番。谁知道,他头也没抬,说道:"嗯,很好,很好……"小洁觉得爸爸在敷衍自己,就拿开爸爸的报纸说:"您连头也没抬,看都不看,怎么就说我做的好了?"

爸爸生气地说:"你这孩子,快把报纸拿过来,没看我正忙着吗?真不懂事!"

小洁低下头,悄悄走回了房间。她没有吃饭,而是流着眼泪,拿着剪刀,把刚刚绣好的小白兔剪了个稀巴烂……

小洁的遭遇,现实生活中其实非常常见。如今,父母经常忙于工作,和孩子相处的时间越来越少,有时回到家还要思考工作上的问题,这时孩子要求和他们谈谈话或是有事需要帮助,许多父母都会显得非常不耐烦,甚至出言伤害孩子。"你没看到爸爸妈妈正忙着吗?一会再说!"一句简单的话,完全拒绝了孩子要求交流的诉求,让孩子感到被父母轻视,甚至有些个性强的孩子,还会因此产生叛逆情绪,从此不服父母的管教。

以"忙"为借口,实质上反映了这样一种问题:不会倾听孩子内心的声音。很多父母都不明白,倾听是父母的必修课,是使孩子健康成长的不可或缺的一课,对于孩子来说,父母的关注就是他成长的动力。如果父母不愿意倾听孩子说话,吝啬给予孩子关注,孩子就会像没有充足养料的植物一样萎靡、没有活力。这样的孩子,又谈何成为好孩子,谈何健康地成长?

那么，父母究竟该如何做，才能做到倾听孩子的心声？

一、选择适当的环境。

父母可以选择一个不忙的时间和安静的地点，与孩子坐在一起，跟他说说心里话。当孩子滔滔不绝时，父母尽量放下手里的活，关掉电视，用眼睛注视着孩子，表示是真心在与他接触，表示对他的尊重。

>郑斌的爸爸是个厂长，经常很晚才下班。这天晚上，他十一点才回家。坐在沙发上休息了片刻后，他的眼睛已经睁不开了，于是准备回屋睡觉。这时候，郑斌怯生生的声音传来了："爸爸……"
>
>爸爸一看，原来郑斌还没有睡。他抱着一个画板，正坐在沙发的另一角："爸爸，我想给你看个东西。"
>
>其实爸爸此时已经筋疲力尽，根本不想说话，但看着孩子的目光，他还是有气无力地点了点头。郑斌一跃而起，送给了他一个礼物：肖像画！郑斌滔滔不绝地说着，诉说着自己的快乐，诉说着对爸爸的崇拜……
>
>爸爸的眼眶湿了，对郑斌说："谢谢你，儿子！"从这以后，不管他有多忙，回来的第一件事，就是来到郑斌的屋子，听听孩子一天的见闻。自然地，他与儿子的关系也是越来越亲密。

像郑斌爸爸的这种行为，父母必须每天进行，哪怕只是短短的几分钟，也可以对孩子说："我们一起散会儿步。"或者说："让我们去小房间单独在一起谈谈。"在这个过程中，倾听孩子的内心话。

二、向孩子说明缘由。

听懂孩子的话，
读懂孩子的心

也许孩子想要与父母沟通时，父母的确没有多余时间，这时候父母应当心平气和地与他说明。父母可以说："我现在的事情很重要，我必须先完成它，等做完这事，我一定陪你好好聊聊。"父母也可以这样说："我现在很忙，但是我们可以在你睡觉前好好谈谈。"最重要的是，父母要对孩子做出一种暗示——我对你很关心，我对你很重视。这样，即使孩子有些失落，他也会理解父母的苦衷。

孩子的心声需要父母认真倾听

明智的父母会认为与其做一个高明的演说者，不如做一个忠实的倾听者。倾听，是一门艺术，一门学问。只有能倾听孩子的父母，才能真正走进孩子的内心世界，真正做到和孩子平等交谈，父母也因此获知孩子的想法和感受，也让孩子得到认可和信任。

契诃夫曾经说过："母亲之所以在教育子女方面不能由别人代替，就是因为她能和孩子同感觉，同哭，同笑……单靠理论和教训是不起作用的。"让孩子知道他所说的每一句话、每一次所表达的内心感受，父母都在认真倾听，就是送给孩子最好的肯定和赞美。

然而，有些父母总是把已经长大的孩子当作小孩，不去主动倾听他们的内心感受，不理解他们诉说的烦恼，不允许孩子拥有自己的秘密。代沟就由此产生，孩子因此也没有了安全感。

女儿上初二了,一次妈妈骑着自行车带着女儿从学校回来,坐在后座上的女儿不停地向妈妈讲述着自己与同学的故事,劳累疲惫、心里正烦的妈妈毫无反应地听着。

渐渐地,女儿讲话的声音越来越小。突然,女儿小声说:"妈妈,我差点儿忘了,老师让我们买一支毛笔。"妈妈生气地说:"刚才你干吗去了,路过文具店门口时你不说!"当妈妈极不情愿地准备掉头时,女儿竟然怒气冲冲地跳下车,大声嚷道:"不买了,回家!"说完,扭头就往家里跑。

一进家门,妈妈就冲到女儿面前批评她不听话。女儿很委屈地说:"妈妈,你也许不知道,做孩子的也是很可怜的!"妈妈愣了一下,接着,女儿又说:"妈妈,你和爸爸心烦的时候总是对我发火,可是我心烦的时候对谁发火呢?你知不知道,当你们不听我说话的时候,我心里有多么难受。"女儿的话让妈妈的内心久久无法平静。

曾经,我们也是孩子,也遭到过父母的拒绝,被父母误解……这是我们童年时代难以抚平的伤痕,这块伤疤会伴随我们的一生。今天,当我们成为父母的时候,却因为工作、生活的压力和烦恼,遗忘了孩子的苦闷,甚至将孩子当成了情绪的出气筒,忽视了孩子的内心感受,根本没有倾听孩子的意识。

孩子在成长的过程中,要面对沉重的学习压力,面对成长中的烦恼,他们需要诉说内心的情感。但是许多父母常常只关注孩子的学习,只注重孩子的成绩，而忽视了倾听孩子的内心感受，这会严重影响孩子的心理健康和快乐成长。所以，很多孩子不愿意和父母说话，长此以往，就和父母产生了代沟和隔膜。

有人说，交流是不断消除误解的过程。倾听，是为了增进了解，促进理解。一个孩子就是一个世界，父母应该学会倾听孩子的心里话，了解他们的内心世界，探究他们对未来的憧憬。这是引导孩子释放压力的最佳方式，是培养孩子健全人格的重要办法。

认真倾听孩子的心里话是避免误解的最好办法，善于倾听孩子心声的父母，孩子就会将你当成朋友。倾听孩子的诉说，才能有的放矢地教育孩子，及时纠正孩子的不良思想。

当孩子宣泄自己的不良情绪时，父母耐着性子听完，让孩子依偎在自己的怀里，表现自己对孩子的关爱。父母可以对孩子说一些安慰的话，比如，"再多告诉我一些""发生这样的事我也很难过""我理解你的感受"。即使发现孩子说的不对，也不要急于纠正他，那么父母的关爱就不难被孩子发现了。当孩子把自己的情绪发泄出来后，就会感到轻松和精神焕发。然后，父母再对孩子的错误思想给予纠正，这样往往会收到很好的教育效果。

因此，父母应该注意给孩子留出一片空间，倾听孩子的故事，分享孩子的喜怒哀乐。不仅对孩子的学习和生活予以关心，更应该耐心倾听孩子的内心世界。

孩子说话时,不要总是打断

孩子就像是一块璞玉,是否成器,关键要看父母如何去雕琢。生活中,绝大多数年轻的父母对孩子在生活上十分关爱,可真正认为孩子有独立人格尊严的父母并不多。孩子在学习和生活中有问题向父母倾诉时,父母要做孩子忠实的听众,耐心和孩子交流。一份调查显示:80%的心理有障碍的儿童都和家庭教育有关,特别与父母和孩子缺乏沟通交流有关。孩子虽小,但他们也有人格尊严,认知世界时有自己独特的视角,他们有表达内心感受、阐述自己观点的愿望。父母应耐心让孩子把话说完,只有这样才能互相理解,建立健康、和谐的亲子关系。

周末,周叶带着孩子去朋友家玩耍。刚上车的时候,孩子很开心地看着四周的景物,指指点点、问这问那。可过了一个多小时,孩子就大声嚷嚷说要下车。周叶以为孩子是新鲜劲儿过去了,就没有理会。但孩子还是一直嚷嚷个不停,正在开车的周叶渐渐不耐烦起来,说道:"你下车干什么?"

"我……"

还没等孩子把接下来的话说出口,周叶紧接着训斥道:"这是在

听懂孩子的话，读懂孩子的心

高速上，能随便给你停吗！你怎么这么不懂事！"

孩子看到妈妈生气了，就不敢说什么了，默默地坐了回去。可没等多会儿，孩子突然"哇"的一声，吐了出来。周叶赶紧把车停到紧急停车道上，回头看孩子的时候，发现孩子脸色惨白，原来是孩子晕车了。

此时的周叶十分自责，怪自己没能够听孩子的解释，就动怒骂了孩子。

我们批评孩子时爱说："你总是无理取闹。"其实孩子哭闹都是有原因的，大人总是不给孩子诉说的机会。孩子的诉说总是多样性的，他们会用大声地尖叫来告诉父母他们多么没有安全感；他们也会用眼泪去诉说他们内心的烦恼；他们还会用不停地索要玩具来诉说平时的自己是多么的孤单。

如果父母不懂得孩子的这些诉说形式，甚至孩子还没说完就打断他的倾诉，会让孩子十分沮丧。我们时常能看见孩子刚要说话，妈妈就在一旁打断孩子开始说自己的事情。

比如，孩子刚说一句："妈妈，刚才我玩了游戏，真有意思。"妈妈马上打断孩子说："玩游戏了？妈妈也喜欢玩……"那么孩子就有可能忘记自己刚才想说什么了。

有的父母喜欢打断孩子的话，插入自己的想法，让孩子尴尬难堪。有一次，我去朋友家玩，她的孩子从外面跑进来兴奋地说："妈妈，我刚才去了玩具店，看到一种神奇的组装机器人。"朋友认为孩子想要买那个机器人，赶紧打断孩子说："妈妈没有钱，你应该知道吧。"结果，孩子马上就不高兴了，孩子提起机器人未必就是想买，所以父母一定要慎重地对待孩子说的话。

有的父母对孩子的话持轻视或旁观的态度。比如孩子对你说："妈妈，我可能是因为书包太重了，所以头疼，肩膀也疼。"妈妈虽然心里很担心孩子，嘴里却说："你看，昨晚我不是让你别玩电脑，早一点儿睡觉吗！"这个对话就此中断了。孩子一声不吭地走进房间，紧闭房门。父母没能抑制住自己想说的话，让孩子产生了反感。与孩子对话的时候弄清楚孩子的真实想法很重要。多一点儿耐心，等孩子表达出完整的意思后，再发表自己的看法。

不要急于否定孩子的想象力

世界上没有两条相同的河流，没有两座相同的山峰，亦没有两片相同的树叶，人的想法更是千差万别，很难遇到想法完全一致的人。父母和孩子因为立场不同、经历不同，常常想法相悖，这是正常的现象，不需要太介意。对于孩子的想法与观点，父母不能一味地迁就，但也不能完全不给孩子机会就全盘否定。完全没有认同，只是否定，这会让孩子越来越没自信，越来越不愿意把心事说给父母听。

一天，豆豆的妈妈下班回家，发现儿子拿着她心爱的名贵牛角摆

听懂孩子的话，
读懂孩子的心

件冒着大雨在院子里挖石头，身上雨水混着泥浆，浑身脏兮兮的。那牛角尖也不知是否还在。豆豆妈妈气得想好好教训儿子一顿。豆豆还拿着几块石头，兴冲冲地朝着妈妈跑过来。

"妈妈，你看这石头上的花纹，真漂亮，放在我们家的金鱼缸里，小金鱼肯定喜欢。"豆豆举着石头对妈妈说。"是的，你真有眼光，这石头的花纹很特别，像梅花，哦，还像一只小兔子呢。"妈妈本来还怒气冲冲，但看着孩子欢快的脸，不禁把怒气压了回去，对豆豆的观点加以肯定。

儿子弄坏了妈妈的贵重物品，如果豆豆的妈妈一怒之下打骂儿子一顿，今后豆豆的心中始终会有阴影，会因顾虑母亲的责备而放弃做许多事情。

传统的教育观念往往强调让孩子遵循某些固定的规范，而忽视孩子的个性成长，而所谓的规范又是由老师和家长单方面制定的，许多时候它甚至成为压制孩子的工具。孩子好不容易有勇气向父母表明他的观点和想法时，父母却因为不明白孩子为何如此做，或是在还没明白事情的来龙去脉时就强加制止，或是用极端的方式去否定孩子的观点和想法，这样只会让孩子变得越来越不听话，越来越难以管教。

刚参加工作的幼儿园老师在一节课上拿出一朵百合花，让所有的小朋友互相传递，闻一闻，并说出花香不香。突然飞飞赞叹地说："哇，花在跟我说话呢！"

老师望了飞飞一眼，等所有的小朋友把花传过一遍后，老师问全班的小朋友："小朋友们，花会跟你们说话吗？"

"不会。"大多数小朋友都回答说。

此时，老师突然面向飞飞说："我告诉你，花是不会说话的。"

面对孩子，教育者需要多一点儿耐心和童心，这位急于否定孩子想法的老师，并不了解儿童的心理。孩子眼中看到的世界与成人看到的世界不同，往往是不切实际、天马行空的。聪明的父母应该顺着孩子的话题，运用对话的技巧，把与孩子的对话继续下去，同时也要肯定孩子的想象力、创造力等有益于孩子智力发展的方面，而不应马上把孩子带回现实世界中来说明事情的真相，纠正孩子的想象力。若要求三岁的孩子有五岁的样子，对成长中的孩子而言是最残酷的事情。

父母要想了解孩子心中更多的秘密，更要借着孩子倾诉的内容来探寻。比如，这位幼儿园老师完全可以这样与飞飞对话。

飞飞说："哇，花在跟我说话呢！"

老师拍手说："好棒啊，花儿跟你说什么了？我们也想听听。"

飞飞说："花瓣告诉我，叶子昨天没洗澡。"

老师闻着叶子，皱眉说："那花儿还是香香的吗？"

飞飞说："没有洗澡，但偷偷擦了花儿的香水，所以还是香香的。"

同样的对话，只要大人改变一下态度，结果就完全不同。这样不仅可以陪孩子进入一个充满奇妙幻想的世界，更能带来无限的创意与快乐，孩子幼小的心灵也会得到满足感，觉得大人能了解他的感受。

父母应尊重孩子的想法，并给孩子适当的鼓励和引导。另外，不要把现在不可能发生的事情认为永远都不可能发生。最后，父母要鼓励孩子尽情想象。例如,当孩子对你说:"妈妈,我长大了要到太阳上去探险。"你千万不要对他说:"傻瓜,太阳那么热,这是不可能的。"而应当鼓励、引导孩子:"你的想法很好,但那需要有丰富的知识,从现在起你就要好好学习,将来发明一种不怕高温的太空船和太空服,这样才能去太阳上探险。"

父母一定要用心地倾听孩子每一个"可笑"的幻想,而不要嘲笑他们,因为每一个奇妙的想象在若干年后都有可能变成现实。

倾听的艺术在于听而不是说

要了解孩子,最好的方法就是倾听他们的讲话,从他们的话中,得知他们的想法,了解他们的生活。孩子总希望父母能与他共享快乐或分担愤怒、恐惧、压抑与悲伤。如果父母能认真听孩子倾诉,那就是送给孩子的最好礼物了。

从某种意义上来说,当孩子把问题说出来时,问题就已经解决了一半。孩子遇到麻烦事、危险事时敢于对父母说,这已经可以让父母看到教育的成功之处了。要建立良好的亲子关系,父母就不能说得太多,而更多的是需要倾听孩子的想法和遇到的问题。很多时候,孩子可能不需要父母来帮他解决问题,只是一种诉说,就像成年人难过时也想把心里的苦闷说出来给别人听一样。特别是在你没办法分辨孩子是想向你求助还是只是吐吐苦水之前，先别急着给孩子意见。

　　孙老师到玲玲家家访，玲玲的妈妈对孙老师说："我发现玲玲不爱说话了。以前她总是把什么事情都告诉我，我都嫌她烦。现在她和我们说话就像是挤牙膏一样，我们问一句她答一句，多问一句，她就不耐烦。我们也搞不懂孩子现在想些什么，都挺担心的。"孙老师说："那玲玲和其他人的交流怎么样呢？"玲玲的妈妈说："她和同学倒是挺能聊的，拿起电话就放不下了，还被我说过好几次呢！"

　　孙老师说："这样啊，那我们一起来听听孩子有什么想法。"

　　玲玲一开始有些支支吾吾，在老师的鼓励下说出了自己真实的想法。她与朋友聊天时什么话都能说，例如她把在学校里受了委屈告诉她的朋友，他们会耐心地听完，然后还会告诉她，他们也遇到过这样的事情，并对她的遭遇表示同情。如果告诉父母的话，父母肯定会迫不及待地说："你在学校又出问题了？"如果还想解释是老师冤枉了她的话，父母会呵斥说："你没犯错老师还能冤枉你吗？那么多学生为什么就冤枉你一个呀？还要撒谎！"父母还会翻出她以前犯的错误。她本来就觉得挺委屈，想找人倾诉，现在却又被父母训斥了一番。

　　没有一个家长不愿意了解自己的孩子，但在面对孩子的那一刻，却往往陷入了"我说你听"的怪圈。我们总觉得孩子所走的每一步都需要得到成年人的指导和教育，否则就走不下去。有了这样一种思想，父母总是以居高临下的态度对待孩子，甚至认为孩子有时的倾诉是一种叛逆行为。这

听懂孩子的话，读懂孩子的心

样，自然就不可能听到孩子内心的声音。对于孩子的成长，父母教导得再多再好也无法取代孩子自身的发展，要想知道孩子应该遵循什么样的成长轨迹，父母应该从孩子心灵的声音里寻找答案。

上述故事中玲玲的话告诉我们，亲子沟通所存在的问题都是因为父母说得多，听得少。在亲子沟通中，倾听有着非常重要的地位，它甚至比说更重要，倾听才是了解孩子的最佳途径。倾听孩子，并不意味着你要认可他的情绪，也不意味着你要纵容他。父母通过倾听孩子，可以使孩子逐渐增长应付挑战的能力，学会控制自己的情绪，形成健全的人格和健康的心理，自信地接受人生的挑战。

第四章

掌握语言魔法,更易走进孩子的心

通过故事和孩子进行心灵间的交流

很多父母在面对孩子的错误时,不是训斥孩子,就是讲孩子听不懂的大道理。这样做的效果真的好吗?不要忘了,父母面对的是心智还不成熟的孩子,而不是成年人。

虽然父母怒气冲冲地教训了孩子,可是孩子不一定会改正错误。父母的责备可能会让孩子一时反省,但下次孩子还是照旧,于是父母不断地重复大道理,孩子不断地重复犯错。

大道理是要讲的,孩子也是要管的,只是父母得用心使用一些孩子容易接受的方法。前面的章节我们提过,陪孩子阅读是非常重要的一项亲子活动。同样,父母可以把大道理藏在小故事里,讲给孩子听。

给孩子讲讲故事,是最好的亲子互动,远远胜于陪孩子一起看电视节目。父母可以利用饭后或假日轻松的时间,陪孩子天马行空地聊天,讲一个简单的故事,和孩子分享一本童话书,寓教于乐。

对于12岁以下的孩子,父母更要多抽一些时间来陪他聊天,多讲一些故事给他听,比如寓言故事,孩子容易理解。孩子也许喜欢反复听同一个故事,此时父母应该如何处理?在此提供一个方法,即试着"玩"故事。针对孩子关注的或喜欢的角度,轮流扮演故事里的角色,陪孩子玩不一样

听懂孩子的话，读懂孩子的心

的游戏。在有趣的互动过程，以及多变的故事情节中讨论彼此的心得。如此的互动，不但能增加孩子的创意，也是最好的心灵交流方法。

小王3岁的儿子不知为什么突然不喝牛奶了，一直持续了两三个月，小王始终没有办法。有一天，儿子告诉爸爸，他晚上做了一个可怕的梦。小王随口说："你要是每天喝点儿牛奶，以后就不会做噩梦了。"儿子听了以后，居然每天都追着爸爸妈妈要牛奶喝。

"牛奶事件"启发了小王，孩子从小就喜欢听故事，总是叫爸爸妈妈给他讲故事听，由于年纪小，孩子总是把故事里的情节当真。于是，小王以儿子的言行为蓝本，把想要告诉孩子的道理编进故事里，有空就讲给儿子听，比如《懒虫王国的故事》（儿子赖床不肯早起的时候）、《脏贝贝冒险记》（儿子不爱洗手的时候）、《不上幼儿园的小白兔》（儿子不肯去幼儿园的时候）等。刚开始，孩子并没有把故事中的人和事同自己联系起来，但听了几次后多少有点明白了爸爸的言外之意，爸爸也总是提示孩子把故事和自己的生活联系起来。

开始时小王有些担心，怕孩子明白了自己的意图会反感或是觉得不好意思，但让小王开心的是，孩子并没有像以前那样难于管教，反而是默默地接受了。过了半年，孩子还会编个小故事说说爸爸妈妈的错误呢。

上述故事中小王爸爸的做法，其他父母也可以借鉴一下。虽然孩子的心智还不成熟，但是他们能感受到父母的喜怒哀乐。随着年纪的增长，孩子也会知道什么是对的，什么是错的；做错了事，会怕父母责怪，也会讨厌父母没完没了的说教。换个孩子容易接受的方式来教育孩子，可能效果会更好。

孩子的成长记忆是依靠生活的点滴经验累积而成的，任何父母都不希望孩子长大以后回忆起童年时，发现回忆里全都是父母的训斥与不满。太过严厉的管教，会让孩子与父母产生距离，虽然父母的出发点是好的，但谁都不希望自己的孩子总是提心吊胆地与自己相处，甚至谨言慎行。

一个朋友曾讲过这样一个故事：

朋友小的时候，家里来客人，因为害羞，他总是不敢跟客人打招呼，而是躲进房间。因此，他总是被父亲责备，有几次还被父亲打了一顿。后来，父亲强硬地规定他，每天看到父母进出门，必须打招呼，有客人来家里也必须出来相陪，直到客人离开。

过了一段时间，朋友终于达到了父亲的要求。每天父母上下班时，他会向父母打招呼，有客人来家里时，他会作陪到客人离开。大家都说他是一个有礼貌的好孩子。但是，只有他自己知道，他内心并不快乐，他怕听到开门声，怕家里有人来做客。

直到长大成人，朋友自己成了爸爸，每次回到父母家里，他对父亲还是心怀敬畏，除了打招呼之外，什么也不愿与父亲谈，年老的父亲大概也感受到了儿子对他的敬畏。家里只有父子两人的时候总是无话可说，十分尴尬。虽然朋友曾几次想打破这种尴尬，多与父亲更亲近一些，但就像有心理障碍一样，一看到父亲的脸，他就什么话都说不出口了。

其实朋友和他父亲之间的问题,可能也是困扰着很多父母的问题,当孩子犯错误的时候,父母当然不能视而不见,太过宽容也是一种纵容。把大道理蕴藏在故事中,会更容易让孩子接受,效果绝对比直接指出孩子的不足、强硬地要求孩子改正要好。当孩子回忆起童年时,父母没有在他做错事时责备他,而是讲了一个小故事来启发他改正错误,会让孩子倍觉温馨,从而念念不忘这种亲子之间的感情。

另外,父母在讲故事、说道理时,也要考虑到孩子的年龄,不要太高估孩子的理解能力。常有父母喜欢在说故事的时候,趁机为年幼的孩子讲述人生和大道理。孩子的生活经验不足,父母要告诉他的大道理最好也是贴近他的年龄与生活的。否则只会徒增孩子一连串的"为什么",最后父母只能忙于回答孩子的"为什么",也会被搞得很心烦。所以说父母在讲故事时要注意的是:以孩子的理解力来交换彼此的阅读心得就可以了。

用肯定的语言培养孩子的自信

有人说:"孩子的心灵是一张纯洁的白纸,想要什么样的风景,就由你涂画。"而最早涂画这张白纸的就是孩子的父母。所以,孩子的将来是什么样,与父母有很大的关系。而父母对孩子最好的涂画就是与孩子用语言进行心灵的沟通,了解孩子的心理发展程度,把握孩子发展的方向。

孩子的心灵就像干涸的小苗，父母给孩子的肯定是滋润孩子心田的春雨。特别是当孩子取得进步的时候，即使这个进步显得微不足道，父母也不应该忘记给孩子肯定。

进步必须得到肯定，这样才能转化为孩子的自信。只有得到充分肯定的孩子，才能具备足够的自信。最简单的肯定，就是从孩子身上找出积极的、优秀的一面，从这些方面赏识孩子。例如孩子在考试中取得了一些进步，孩子有坚强勇敢的性格，都可以成为父母肯定孩子的理由。

不可否认的是，有的父母很少看到孩子的长处，对孩子的不足却百般挑剔。比如，孩子比上次多考了10分，父母没看到孩子的进步，而是批评孩子的分数不高，成绩不理想；孩子在游戏中有不足的表现，也有精彩的表现，但是父母只看到孩子的不足。这样孩子不但难以从父母身上找到被肯定的感觉，还会因此削弱自信心，从而失去前进的动力。

某场橄榄球比赛结束后，一个参赛的小男孩直接跑向观众席问自己的爸爸："爸爸，我刚才得分那球你看到了吗？我觉得这是我打橄榄球以来，掷得最漂亮的一球。"爸爸却冷冷地说："你怎么能在四分之三位丢一个球呢？你必须抓紧时间练习接球和拦截的能力。"

听了父亲的话，孩子的兴奋劲头一扫而光，如同当头一盆冷水，孩子的热情转瞬间烟消云散。

这位爸爸说这样的话的动机是无可指责的，但他过多地在意孩子的不足,而忽视了孩子的闪光点,以至于一句无心的话伤害了孩子。长此以往,孩子会感到在爸爸那儿很难获得肯定和赏识,甚至会因为爸爸的话而变得自卑起来。

不管是在学习上还是生活上,孩子取得的点滴进步,父母都要加以肯定——"你做得很好!"如果父母认为孩子会因此变得骄傲自满的话,还可以补充一句:"只要你继续努力,成绩就会越来越好。"正确的教育态度即是:孩子的点滴进步一定要加以肯定。

有一个问题一直让儿子困惑:"为什么我的同桌能在考试中获得第一名,而自己想考第一名,却考了全班第31名。"

他回家问妈妈,希望能从妈妈那里找到答案:"妈妈,是不是别人比我聪明,而我太笨了?我和我的同桌付出的一样,但结果却为什么不一样呢?"

妈妈从儿子的话当中觉察到儿子现在已经有了自尊心。想了很久,妈妈才平静地对儿子说:"你比上次进步了很多,这是值得肯定的地方,希望你继续努力,不断进步。"

又经历了新一轮的考试,这次儿子取得了第17名的成绩,而儿子的同桌仍旧排名第一。回家后,儿子又问了妈妈上次一样的问题。其实妈妈真想告诉儿子,每个人的资质是不同的,能取得成绩第一的人肯定其有着过人的天赋。但是她知道这样回答会伤害儿子,于是她对儿子说:"其实你很棒,因为你比上次进步了很多,真心希望你每次都能进步一点点。"

儿子确实在不断进步,但是成绩并不是很理想。好几次,妈妈都想告诉儿子——因为还不够勤奋，因为还没有别人努力，因为贪玩，以此来刺激儿子。然而，她理解自己的儿子，儿子已经因为成绩不好而伤心难过了，自己没有必要在孩子的伤口上撒盐。所以她没有那么做，她一直努力为儿子找到一个完美的答案。

日渐长大的儿子，他的努力程度也随着年龄而增加，但成绩还是没有超越自己的同桌。不过与过去相比，他的成绩一直在慢慢进步。为了对儿子的进步表示肯定，妈妈带他去看了一次大海。

在海滩上，妈妈指着海边的鸟儿对儿子说："你看那些在海边争食的鸟儿，当海浪打来的时候，小灰雀起飞的速度是最快的，它们呼扇几次翅膀就飞起来了；相对而言海鸥起飞的速度是最慢的，它们从海滩飞向天空需要很长时间。但真正能飞过大海的却只有海鸥。"

后来，儿子以高考第一名的成绩被北京大学录取了。

孩子能否成才，能否取得好成绩，聪明与否不是决定因素，重要的是是否持续不断地进步，即使每次只是进步一丁点儿，那也是在提高。聚沙成塔，集腋成裘，总有一天会积聚足够的力量向成功飞跃。肯定孩子的付出和努力，孩子会多一点勤奋，多一点进步，这是一个良性循环的过程。

试想，如果孩子的成绩每天都能进步1%，父母就不用担心他考不上心目中的大学。经过长年累月的进步，他的成绩一定会发生很大的改变。父母应该时刻让孩子与他自己做比较，今天的他比昨天的他进步了，就是快乐的事情，值得肯定，哪怕进步只有一点点。

事实上，总是期待有大的突破是不现实的。饭还得一口一口地去吃，一口根本不可能吃成胖子。"不积跬步，无以至千里，不积小流，无以成江海"，自然万物都是在点滴中发生蜕变的。因此，在孩子成长的漫长过程中，父母不要总是期望孩子能瞬间爆发出巨大的能量，需要的则是点滴的积累。不要小看这一点点，只要孩子坚持每天进步一点点，他的人生就会与众不同。

赞美也有技巧，细节决定成败

现在很多父母明白了这样一个道理——孩子不是靠打骂就能教育成才的，孩子需要父母的鼓励与赞美，才会逐渐自信、开朗。父母也只有多赞美孩子、多发现孩子身上的优点，才能和孩子打成一片、消除隔阂、融为一体。但是一个现实的问题却是，很多父母不知道该如何赞美自己的孩子，只会根据自己成人的思路给孩子纠正缺点、肯定优点。但孩子希望的其实并不是父母这样挑剔的态度和说教，他们希望父母看到自己的努力，而父母却常常忽视了这些。

孩子往往会出于模仿，或者一时心血来潮，自己突然学着干一些从没干过的事情，这与成年人做某件事情时的心理动机不同。通常情况下，因为受理智的支配，成年人在做很多事情时认识到了其重要性，更多情况下是出于责任感做这些事情的。孩子却和成年人不一样，孩子做事的动机大多是出于别人对他的赞美，尤其希望得到家长的认可。把家长的赞美形容成及时雨一点也不为过，孩子的心灵因为这雨水而被滋润，久而久之就长成了参天大树。

小波是个生性腼腆的小男孩，平时在家里的时候有说有笑，活泼可爱。可一离开了家，不管是见到谁，他都不好意思说话。家长也摸不透这孩子到底怎么回事，担心这样长大以后由于不善言谈会在社会上吃亏，也会妨碍他的发展。但是，家长担心归担心，一时也想不出好办法。

有一天，小波跟妈妈上街购物的时候，在路上碰到了妈妈的同事陈阿姨。分手的时候，小波破天荒地跟在妈妈后面说了一声："阿姨再见。"妈妈把小波送回家，就上班去了。

下班回来之后，妈妈赞美了小波。

妈妈："小波，陈阿姨今天很高兴。"

小波："她为什么很高兴呢？"

妈妈："我上班的时候，她在办公室夸了你好几次，还跟别的阿姨说你是个挺懂事的孩子。"

小波听了妈妈的赞美也高兴地笑了。从那以后，小波一改以前与人见面时的腼腆，大大方方地打招呼了。哪怕是在人多的场合，也逐渐敢于同别人交谈了。家长觉得小波变得开朗多了，当初的担忧也烟消云散了。

正确的赞美对孩子的健康成长起着至关重要的作用。这就要求家长平时要留心孩子的一举一动，了解他们的需要，站在孩子的立场上想问题。当孩子做了一件值得赞美的事情的时候，要及时地抓住赞美的时机。孩子的心理健康因为家长的赞美而顺利发展，让孩子知道他们的言行是正确的、健康的，这样的行为值得鼓励，值得坚持下去，他们的坚持也会继续得到家长的鼓励和赞美。

老师给学生布置了很简单的作业，要求他们做完之后交由父母检查。有个孩子做对了9道，有1道题做错了。聪明的父母会赞美自己的孩子："宝宝真聪明，10道题做对了9道，仅仅错了1道题，以后继续努力哦！"孩子听父母这么一说心里更加有了动力，慢慢就改掉了粗心的毛病。

愚蠢的父母则非常生气地对孩子说："怎么错了1道题呀？你怎么这么笨呀，这么简单的题都算错了，以后怎么办？"孩子低着头听着父母的训斥，虽然不一定敢反驳，但心里肯定很不高兴。事实上，孩子做对了9道题，他已经付出了努力。如果仅仅因为错了1道题，就否定孩子的努力，这是非常不公平的。

父母一定要看到孩子在做事过程中的努力和进步，千万别总是盯着那一小点瑕疵。孩子因为父母的赏识和赞美从而获得更多的动力和积极性，父母在此基础上对孩子加以引导，孩子才能慢慢改进，并且获得继续前进的勇气和动力。

如果孩子通过自己的努力，在某些方面获得了成功，不管这成功有多么微不足道，父母都要及时赞美孩子，让孩子把成功与至高的快乐联想在一起。孩子每一次的成功都离不开父母的鼓励，父母的鼓励更能让孩子发现人生的乐趣。久而久之，孩子品尝到胜利的果实越多，越能激发孩子对更多胜利的渴望，孩子也因此变得更加专注，进而产生更多的动力。

不要急着去指责孩子的错误

在日常生活中，父母经常遇到这样的事情：妈妈下班回家，感觉很累。孩子看到妈妈很累，急匆匆地去搬椅子，但不小心把东西打碎了，弄得一地狼藉。这时候妈妈该怎么办？睡觉前，孩子兴致勃勃地端了一盆水，准备给妈妈洗脚。可是一不小心，被板凳绊了一脚，满满一盆水泼了一地，地毯也被弄湿了。这时候，妈妈应该怎么表现？还有，有一个小朋友摔倒在路边，孩子过去扶这个小朋友，但因为泥坑里的水把新衣服弄脏了，这个时候，妈妈又要如何表现呢？

性急的妈妈遇到这种情况，会板着面孔不问青红皂白，指责孩子，一个劲儿地吼："你能做什么事？成事不足，败事有余！"而孩子往往显得很委屈。

家长误解了孩子的好心，导致出现相反的结果。孩子的生活经验毕竟太少，也不具备分析问题和解决问题的能力。孩子身体的协调性尚未完全成形，往往就会造成上述的一些情况。

那么遇到这种情况，父母该怎么办呢？首先应该充分肯定，称赞孩子的做法是正确的。只有这样，才能使孩子再遇到类似情况时，还能去关怀别人，帮助别人。其次，再对孩子讲述一些解决问题的方法。就像在第一个事例中，妈妈可以这样做，她告诉孩子绕过鱼缸搬椅子就会没事了。在第三个例子中可以告诉孩子看好前面的路，就不会踩进水坑里了。

年轻的父母在遇到这种情况时，千万不能简单粗暴地去责备好心做错事的孩子，因为这时孩子是多么需要理解呀！如果父母能给予孩子及时的理解与帮助，孩子热心助人的良好品德也就这样逐步形成了。

周末，小虎家里来了好几个客人，小虎别提多高兴了。看着爸爸妈妈陪着客人聊天，小虎想找点事情干。"干什么呢？让我想想，给客人们切个大西瓜吃吧。"

小虎走到厨房，把一个大西瓜放在案板上开始切。谁知，圆圆的大西瓜很不听话，小虎刚切了两下，西瓜就从案板上滚了下来。"啪啦"一声，西瓜掉在地下摔烂了，西瓜瓤也撒了一地。

爸爸妈妈和客人都跑到厨房，开始收拾地上的西瓜瓤。而小虎吓得站在墙角，不敢说话，生怕爸爸妈妈会大骂自己一顿。

谁知，爸爸收拾完西瓜瓤后，又拿出了一个大西瓜，说："我们家小虎会招待客人了，真棒！现在爸爸教你怎么切西瓜，你一定会是一个称职的小主人。来吧。"

爸爸拿着西瓜做了些比画，假装在琢磨，"哦，是不是应该这样切呢？"

接着他让小虎自己拿住西瓜和刀，"来，你试试这样切行不行？"

在爸爸的指导下，小虎终于切好了西瓜。他兴奋地把切好的西瓜端给了客人，受到了客人的赞美。小虎掩饰不住喜悦，对爸爸说："爸爸，客人说我切得真好，以后咱们家切西瓜的任务就教给我好了！"

好心做错事的情况在孩子身上并非鲜见。通常来说，对于那些年龄较小、心智不成熟的孩子来说，他们总会好心做错事。但是，孩子的出发点是好的，只是因为方法不当常常取得适得其反的效果。如果家长不能给予好心做错事的孩子理解，那么，孩子会因此产生深深的自责，久而久之就丧失了做好事的想法。因此，一旦发现孩子好心做错了事，一般情况下，家长不要批评，而要给予孩子热情的安慰和鼓励。同时，也应该在对孩子分析情况的时候加以正确的引导。这样，孩子才不会丧失继续做好事的信心，才能在失败中总结经验教训，进而做成好事、办成好事。

不管是谁，他们都是在不断的失败中总结经验，慢慢走向成功的。做错事不见得是坏事，因为你能从这些失败的案例中吸取经验教训。孩子的每一个积极的表现都值得家长去夸奖和赞美，即使他在好的动机下做了错事。在孩子还小的时候，过分注重孩子做事的结果只能打击和伤害孩子向往美好的自信和愿望。这自然有悖于我们教育孩子的初衷。

听懂孩子的话，
读懂孩子的心

"没办法"，这不是父母该说的话

孩子容易犯"三分钟热度"的毛病，一开始可能会对未接触过的新鲜事满怀兴趣，但孩子就是孩子，由于心智的不成熟与经验的不足，虽然满怀一腔热情做事，但结果往往不是他们所想的，失败也是在所难免的。在遭受到挫败的打击后，一些孩子会直接放弃，转向新的目标；另一些孩子却可能对挫败耿耿于怀，希望能从父母那里获得安慰与帮助。此时，千万不要对孩子说"没办法"、"我帮不了你"这类话，这不但会让孩子的情绪加坏，也无益于亲子之间和谐关系的建立。

新学期开始了，老师向孩子们布置了一项作业，发给每个孩子两条热带鱼苗，让孩子们把小鱼养在鱼缸里，记录观察日记，看小鱼会长成什么样子，最后看谁养的鱼最大最漂亮。

彬彬分到的是两条红尾巴的小鱼苗，彬彬特意和妈妈去花市买来漂亮的鱼缸，然后细心地把小鱼放在鱼缸里，每天放学回家，彬彬又是喂食又是换水，希望小鱼快快长大。

在彬彬的细心照顾下，小鱼长得很快，已经比刚拿回来时长长了一厘米，他开心得不得了。以后彬彬便更加精心地照顾小鱼，希望小鱼可以快快长大。可是，最近彬彬却发现两条小鱼越来越没有精神。终于在一个炎热的周末下午，他发现放在阳台上的鱼缸里的两条小鱼全都死了。看着自己花了近两个月时间精心喂养的小鱼死掉了，想到不能完成老师留的作业，彬彬难过得哭起来，去找妈妈想办法。

"唉，真是可惜啊，彬彬花了这么多心思去照顾它。"妈妈同情地说，"可能是天气太热，小鱼缺氧才死掉的。既然这是老师安排的作业，我们一起去问问老师是什么原因好不好？"

"可是老师一定会骂我的，因为我把两条小鱼都养死了。"彬彬充满了担心。

妈妈告诉彬彬，照顾动物本来就不是件容易的事情。既然遇到了解决不了的问题，应该向老师请教正确的养鱼方法，老师一定喜欢好学的学生。听了妈妈的话，彬彬放心了，也没有那么难过了。

换作是你的话，你会不会面对孩子没能养活热带鱼这件事而觉得无所谓？不就是两条小鱼嘛，既然死了，还想那么多干吗？再买两条给孩子就可以了，而且要买好养活的鱼给孩子，以免再来烦我。或者，孩子问你怎么办的时候，你可能会说："死了就死了，我也没办法啊，你难过伤心我能理解，但是我不可能让鱼起死回生啊！"

千万不要这么说，就算你真的是这样想的。孩子来向你求助，就是希望能够从父母身上找到解决的办法，如果得到的是毫无希望的否定答案，只会让孩子更伤心，事情却得不到解决。一次、两次……几次过后，你就不必再担心孩子会拿这些小事来烦你了，因为他不会再找你了。

孩子求助于你的时候，可以先对孩子的处境表示同情和理解，当孩子

知道父母会和自己分担悲伤的情绪时,就会得到一些安慰。孩子也愿意和父母探讨内心的感受。所以这时候,父母要有目标地引导孩子。

虽然事情表面看来可能没有解决的办法,但是却可以换一种角度来处理。如果一味地对遭遇到不幸的孩子说"没办法",就可能使他陷入一种惯性思维,认为很多事一旦失败了,就没有挽回的余地了,从而放弃努力。

父母可以和孩子一起想想做好事情的办法,从另一方面弥补、挽救,只要尽力想办法,孩子就会发现事情并不是没有解决的途径,可怕的并不是孩子遭遇到失败,而是父母那句"没办法"给孩子带来的打击。所以,不要急着对孩子说"没办法",试着跟他一起看看还有没有其他什么解决的办法。这可以让孩子学会如何正确面对挫折,帮孩子一起解决问题的教育效果绝对比你空谈一些大道理要有用得多。

第五章
父母的坏情绪，是走不进孩子内心的罪魁祸首

父母的呵斥和不满，会刺痛孩子的心

想象一下，如果丈夫开着车和妻子行驶在路上，这时丈夫转错了一个弯，如果妻子生气地说："你怎么转错了？难道你没长眼睛吗？那么大的路标，任何人都能看见。"那么，丈夫会有什么样的感受？妻子的话会让他感受到绵绵的爱意吗？相反，如果妻子充满温情地说："没事，前方两千米处有一个出口。"丈夫的感受又是怎样的呢？

很明显，前者所言是一种不满和批评，言语中带着责怪，很让人反感；而后者是一种指导，言语中带有包容和爱意，会让人很受感动。任何人都喜欢指导不喜欢批评，孩子也是如此。这就要求父母在教育孩子的时候，用善意的指导和关爱代替批评和责骂。这样才能让孩子虚心接受父母的教育。

8岁的约翰不小心碰翻了他手里的果汁，妈妈看到这一幕之后，平静地说："打翻了果汁没关系，我们再去拿一杯，还要拿一块抹布过来，将打翻的果汁清理干净。"说着就把果汁和抹布递给约翰。约翰抬起头来看了看妈妈，面带微笑地说："哎呀，谢谢你，妈妈。"他把桌子擦了一遍又一遍，直到干干净净、一尘不染为止，当然，妈

> 听懂孩子的话，
> 读懂孩子的心

妈也没有闲着，帮他一起擦桌子。

对于约翰不小心犯的错，妈妈没有给他严厉的批评，也没有说一些无用的忠告，而是充满爱意地指导，得到了约翰的理解和感谢。在妈妈的指导下，约翰干得非常漂亮。相信下次约翰不会再犯同样的错误，即使犯了同样的错他也会知道怎样处理。

当不好的事情发生时，最重要的不是批评或教训肇事者，而是应该首先处理事情。然而，在许多家庭中，父母很难做到这点。一旦孩子出现错误，父母立刻大声呵斥孩子，有时甚至用侮辱性的语言。这样的教育方式往往会适得其反。

7岁的斯蒂夫在吃早餐的时候，手里摆弄着一个空杯子，斯蒂夫的爸爸看到这一情况后立即对他说："别摆弄它了，你还嫌你打碎的东西不够多吗？"

斯蒂夫自信地说："放心吧，不会打碎的，我保证。"话音刚落，斯蒂夫手里的杯子就掉在地上摔了个稀巴烂。爸爸生气地说："你真是个笨蛋，你除了会摔坏东西，你一无是处。"

斯蒂夫显得毫不罢休，他说："你也是个笨蛋，你曾经打碎了妈妈最好的盘子。"一波未平，一波又起，爸爸气得大声说道："你太没礼貌了，怎么叫你爸爸笨蛋呢？！"

斯蒂夫说："是你先没有礼貌的，谁叫你先叫我笨蛋的。"爸爸无言以对地说："闭嘴，马上滚回你的房间。"

斯蒂夫看到爸爸生气的样子，他来劲了，"来啊！打我啊！"斯蒂夫带着挑衅的语气说。

　　爸爸一下被激怒了，他将斯蒂夫摁在地上好一顿揍。儿子也因此负气出走，直到后半夜才回家，全家人也因为这样的事情一晚上没睡好。

　　或许，这件事情让斯蒂夫得到了教训，或许以后他不再玩空杯子了。但是父亲的做法同样不对，他不应该用侮辱性的语言和暴力方式教育孩子。

　　其实，孩子在玩玻璃杯的时候，父亲完全可以先对儿子说"小心杯子摔坏了划着手"。然后告诉儿子玩皮球是不错的选择。或父亲帮助儿子清理地上的碎玻璃片，顺带说："下次要小心哦，玻璃杯是很容易摔碎的。"这种和气的话很可能让斯蒂夫吃惊，继而会因为自己闯了祸而产生歉意。在没有暴力的教育方式下，孩子也会认真思考，并最终告诫自己：杯子不是玩具。

　　当生活中出现这类意外的事情时，聪明的父母会抓住机会，给孩子正确的指导，让孩子从小意外中学会大道理。

　　父母一味呵斥出错的孩子是没有好处的，结果只会让孩子对父母产生反感和厌恨的情绪。如果孩子经常处于被批评的状态，则结果更为糟糕，这样的孩子会因为经常被批评而学会谴责别人和怀疑自己，轻视、怀疑自己和别人的价值，久而久之产生重大的人格缺陷。所以，父母应该给孩子更多的指导而不是批评。

听懂孩子的话，
读懂孩子的心

父母的"刻薄"也许会影响孩子的一生

在很多父母的眼里，孩子就是自己生命的延续，因此总想用最快、最有效的教育方式，让他尽早掌握生活和社会中的知识。看到孩子刷不好碗，嘴上不免批评几句；考试成绩令人失望，不免又想训斥一番……一而再，再而三之后，父母嘴里就蹦出了这样"刻薄"的话："这也做不好，那也做不好，你到底能做好什么！"

父母发怒的同时，一定没留意孩子脸上的委屈与落寞。其实，由于孩子的自控能力差等综合原因，难免会出现一些小的错误，这是正常的。如果父母觉得这很不正常，对孩子要求过于严苛，总是不停地指责孩子，必然会给孩子带来负面的心理影响。

郑晴是个12岁的孩子，但是从来都不快乐，她在日记里如此表达：

现在，我真的不想回家了。每天我刚一进家门，妈妈就开始唠叨，说什么"你一点都不争气啦、学习不用功啦、在家里做作业慢吞吞的啦、一点上进心都没有啦……"有的时候，她还会说："你这也做不好，那也做不好，你以后到底能干得了什么呢？是不是要让爸爸妈妈养你一辈子？"

这样的语言，几乎每天都能听见。的确，我承认有些事情我做得不够好，可是这就能判断我就是个一无是处的人吗？妈妈总是在指责我，说我不行，难道我就一点都不好吗？我的数学也考过100分呀，可是妈妈却视而不见，我也是小队长啊，可是妈妈却觉得当个小队长没啥意思。难道我不是爸爸妈妈亲生的吗？爸爸妈妈若是爱我，不可能对我这么凶。我现在都不知道怎么做才能让妈妈满意了。

也许妈妈说得没错吧，我真的是个废物。我到底能做好什么呢？

一个不过十几岁的孩子，却有如此沉重的心情，由此可见父母把孩子逼到了何种程度。不仅仅是郑晴的父母，许多父母的标杆永远超出孩子的水平，这是今天许多孩子的悲哀。

在父母看来，一件很简单的事情，孩子总是做不好，难道不能批评教育吗？诚然，适当的批评能够让孩子做出积极的调整，但如果父母忽略孩子正常的心智发展规律，对孩子有错必究，指责铺天盖地，那么就会严重挫伤孩子的自尊心与自信心。时间长了，孩子就会形成一种消极的思想："对，我就是什么都做不好！我不行！"从此自卑的种子开始在心中生根发芽，正如案例中的郑晴。

有机构通过调查发现，长期被父母指责的孩子，往往会出现紧张、不知所措的情绪，并且从心理上疏远父母，影响父子、母子之间的感情。久而久之，孩子会把这种情绪带至其他环境之中，严重影响正常的人际交往。

其实，孩子也是人，他也希望得到别人的理解，盼望得到公正的评价，可是当父母时常把孩子贬损得一无是处的时候，无疑会给孩子造成负面影响，严重的话可能还会使孩子产生轻生的念头或是伤害别人的极端行为。所以，父母不要过多地指责孩子，应该懂得"人非圣贤，孰能无过"的道理，这样，孩子才能从失败的阴影中走出。

心理上的理解是第一步，更重要的，则是行动上的改变：

一、别强调孩子的弱项。

也许孩子在某一领域并无优势可言，但父母千万不要拿这个借口"强化"孩子对自己不足之处的认知。例如，孩子骨瘦如柴，自然难以在体育领域有所建树，如果家长这样对孩子说："你看你这身材，二级风就能把你吹倒，你推个铅球能推远吗？"这种带着"歧视"的语气势必会让孩子觉得自己是个无能的人。

聪明的家长会对孩子这样说："身体瘦弱没关系，咱们多加强营养补充，多加强体育锻炼！姚明也不是生下来就会打篮球。只要咱们付出比别人更多的努力，肯定会有回报的！"受到鼓励的孩子自然会加倍努力改进自己的不足之处。

二、别评论，让孩子多尝试。

家长千万不要急于评论孩子一时的失败，而要多给他们几次尝试的机会。很多时候，失败是由于不熟练所致，当孩子慢慢掌握和领会其中的技巧时，失败的次数自然会逐渐减少。

这天吃完饭，爸爸批准了孩子自己收拾餐桌、自己刷碗的请求。

他和妻子就坐在客厅里，观察着餐厅和厨房里的一切。"啪"，小碗掉地上了；"哗啦"，筷子撒了一地……妈妈有些坐不住了，想要站起来去看一下。

这时候，爸爸拽住了她，小声说："别着急，让孩子慢慢来吧！"

就这样，孩子磕磕绊绊地用了两个小时，才把锅碗瓢盆收拾好，其间还打碎了两个盘子。不过，爸爸没有批评她，反而竖起了大拇指。

从这以后，孩子每天都要收拾碗筷，没过半个月就十分熟练了。妈妈这才意识到：当时没有训孩子是多么正确！

家长需要认识到这一点，导致孩子做事失败的原因不是孩子的能力不够，而是经验限制了孩子的成功，多做几次孩子自然就接近成功了。所以，那些伤孩子自尊的话，还是不说为好！

父母若焦虑，孩子的内心还如何平静

现在的孩子每天承受着很大的压力，除了学校里的压力，更大一部分是来自家长的压力。

"如果不是为了父母，我早不读书了。"

"我一定要考上最好的大学，为了我的父母我必须做到。"

听懂孩子的话，
读懂孩子的心

"我快要疯了，父母天天逼我，他们成天叨叨别人的孩子如何优秀，谁家孩子又考上了重点大学，我不行之类的话。我现在对学习提不起一点兴趣，一走进教室，好像我妈的唠叨就又来了，弄得我没有一点学习的心思。"

"我父母从不打我骂我，但我特别怕他们。只要我的成绩稍有退步，他们就成天板起脸对着我。光考出高分还不行，我必须有进步他们才高兴，才会夸我奖励我。明年就要初升高考试了，我为此感到十分担心，万一考不上理想的高中怎么办啊？天啊，现在想象一下父母那时的表情，我就感到崩溃。"

……

这是现在孩子普遍的心声。现在家长对学习的重视都超过了孩子自己，所以无形中给孩子造成了很大的压力。作为心理学界的知名人物，徐浩渊博士曾说："教室制造的压力远远没有家长给孩子的多，孩子学习的压力主要来自父母。"

家长为何要给孩子制造如此之大的压力呢？

原因其实很简单，因为父母将自己的期盼和焦虑转移给了孩子，尤其以母亲为例，当她自身成长停滞不前的时候就会产生焦虑，但她的解决方法竟然是将更多的希望寄托在孩子身上，所以制造出成倍的压力给孩子。

很多家长从没有考虑过孩子的感受，没有站在他们的立场去想，总是从自己的喜好出发，为孩子设计他们的人生蓝图。很多家长不是通过自己的努力去实现自己的人生理想，而是总把这种期待托付给孩子，希望孩子帮他们圆梦。孩子是自己的亲人，他们认为孩子是自己梦想的延伸体。这种想法是很恐怖的，即使孩子很小，也有独立的人格和思想，他们有自己的人生，而不是父母的延续或者继承品。

父母的焦虑会对孩子的成长产生巨大的负面影响，下面是一个真实的故事，希望可以让更多的父母警醒。

一个小学生选择以跳楼的方式来结束自己的人生，他在遗书中是这样对自己父母说的："我觉得自己活得太累了，无论怎么样努力都达不到你们的期望值。你们常常对我说感到失望，所以，我的离开就意味着你们今后不会失望了。"这个孩子在自杀前将自己攒的零用钱全留给了父母。他说："我离开了，爸爸妈妈你们不用继续为我受累了。如果这些积蓄不够的话，你们可以自己添补一些钱，出去旅行吧，不要再为我而奔波了。"

一个年轻的生命竟因无法承受父母的期望而选择了死亡，而这个小男孩竟是那么爱他的父母，他希望父母"坐坐火车，坐坐轮船，你们去玩一玩吧，不要再那么辛苦了"，这其实是他最大的梦想。他希望自己实现不了的事情，父母替他实现。

这个例子让人十分痛心，一方面，把压力转嫁给孩子，对孩子来说是不公平的，其危害也很大。另一方面，这种转嫁也会让家长不舒服，因为孩子不理解家长的用心，家长也会觉得很伤心，抱怨孩子不理解。那么要怎么改变这种"双输"的局面呢？父母可以从以下几点做起。

一、要给孩子一定的自由空间。

如果家长不给孩子做选择的机会，那么，孩子就不会独立，也不会有独立思维。只有将自由还给孩子，才能帮助孩子形成自己的独立人格。

二、要让孩子自己成长。

很多父母其实在按照自己的理想塑造孩子，父母应该知道，要依据孩子的个性因势利导，思想上要重视，行为上则尽可能平等。虽然孩子身上或多或少存在着一些缺点，但要给孩子信心，相信他们会慢慢做得更好，给孩子成长的时间和机会，不要苛求和责骂他们。

父母应该明白，很多时候孩子出问题了，往往能从家长的身上找到相关的原因。要想孩子得到改变，首先考虑的应该是自己哪里做得不合理。一位心理咨询师说，如果只是孩子的成长问题，其实很容易解决。但要是孩子的问题来源于父母，那就有点棘手了，除非要求父母做出改变。如果家长一门心思想着解决孩子的问题，而不是从自身找原因的话，那么是无法解决孩子问题的。所以，"同步成长"是解决孩子问题的最好方法。

以前物质匮乏，家长对孩子的爱体现在宁愿自己少吃少喝，甚至可以不吃不喝，保证让孩子吃饱穿暖。但现在，物质条件已经能满足每个家庭的需求，家长对孩子表达爱的方式也应该要改变，从物质层面过渡到精神层面上，更多考虑孩子的心理需求。

妈妈太强势，孩子还如何长大

"强势妈妈"往往都是能力出众的人，她们对孩子的要求也因此更加苛刻，要求孩子一切都要做到最好，在生活、学习中对孩子进行过多的干涉，甚至可以说是掌控，也因此留给孩子独立做决定的机会很少，一切都由"能干"的妈妈全权负责。长此以往，孩子就会忽视甚至是无视自己的责任，事事依赖家长，这样对孩子的心理健康是极为不利的。

有一位精明干练的妈妈，她是一个典型的事业成功的女性。但她已经读初中的儿子却事事表现出懦弱的一面，做什么都没主见，甚至连想吃什么、喝什么都拿不定主意。这位妈妈对儿子的情况感到十分焦虑，她带儿子去看了心理医生后，才知道问题的根源是在自己这里。

还有一个年龄二十几岁但心智成熟程度却是十几岁的男生，在选大学专业的时候，是妈妈帮他选择的。进入大学后他又对自己的专业感到不满意，于是就转了专业，但还是不满意，所以自己一直处于和妈妈对立的情绪中。好不容易大学毕业，妈妈为他安排了一个不错的工作，但由于他在工作中处理不好人际关系，最后辞职回家，再也不出去工作了。这个孩子的妈妈是个女强人，在家庭中处于比较强势的地位，孩子从小的时候开始，各个方面都是由妈妈一手安排和操办的。而这种"爱"却让孩子失去了独立解决问题的能力，稍有不顺，就找妈妈解决问题。

孩子的价值体系被这种强势的母亲注入了她的理念，导致孩子无法建立自己正常的、健康的价值体系，于是患得患失，遇到问题就退缩，把解决麻烦的责任甩给了妈妈。这就是强势妈妈一手造成"孩子长不大"的

原因。

当然女强人并不等于"强势妈妈"。很多女性事业成功,不仅在工作中精明能干,回到家中也能和家人和睦相处,在孩子的成长过程中起到了很好的示范作用。当然,还有一些在能力上稍逊一筹的妈妈在家中总是表现出强势的一面,她们把孩子当成了自己梦想的延伸体,将自己的喜好一味强加给孩子,而孩子就是在母亲的"一厢情愿"中变得毫无主见,没有独立办事的能力。

完美主义者中的一分子就有"强势妈妈",对于亲近的人,她们能付出很多,但也会要求很多。然而,对孩子要求过于严格的话,是不利于孩子的成长的:孩子因为被要求过多而产生压力;孩子心理上的自卑源于强势妈妈一味地指责。心理上不断对自己做出肯定是孩子成长的原动力,如果身为母亲的人对孩子过于苛求,不仅会让孩子丧失安全感,同时也会让孩子变得没有自信。随着时间的推移,孩子长大了,他们发现即便自己做得不能让妈妈满意,妈妈也不会离开自己,所以孩子的进取意识就慢慢消失了,随之而来的是孩子变得没有进取心,最后导致孩子心理上的畸形。

心理医生通过研究发现,"强势妈妈"的存在导致了另一位家庭成员——爸爸的"消失"。原因是,这样的妈妈对孩子的成长投入了更多的心血,进而让孩子的心理陷入一种妈妈十分重要,而爸爸却可有可无的尴尬境地。虽然妈妈在家庭教育中的地位不可忽视,但爸爸的角色被孩子忽视或遗忘的话,对其心理成长极为不利。

事实上,强势的妈妈,伤害的不只是孩子,还有自己。因为强势的妈妈往往更离不开孩子。因为爱投入越多,期待的回报就会越多,久而久之，把孩子当成了不可替代的感情寄托。而恰恰是这种投入爱的方式无形中给孩子的心灵造成了极大的伤害。因为，成长的本质就是要锻炼孩子的自我意识和独立能力，以便应对未知的未来，妈妈最明智的做法就是用自己的智慧引导孩子走出混沌，进入成熟和理智的阶段。而强势妈妈带大的孩子往往一生都没有经历这种跨越，即使到了成年，甚至到了耄耋之年，其心智还处于不成熟阶段，甚至可以说是幼稚阶段，因为受其母亲的影响，从未认识真正的自己，这就是家庭教育的失败之处。

身为人母，执着可为，而固执不可为；强大可为，而强势却不可为；独立可为，而独断却不可为。请各位家长给予孩子更多温情的关怀和理解吧。

不要将未完成的梦想强加于孩子身上

现实生活中有很多父母抱怨孩子不听话，其实有些时候只是孩子没按照父母的意思去办事，反而是父母剥夺了孩子选择的权力，也许有些父母会说："孩子还小，他懂什么？父母给孩子做主是很正常的事情。我们难道还会害孩子不成吗？"正是因为有了这样的想法，父母才会整天围着孩子转，但事实上是孩子围着父母的意志转。这就使孩子失去了在自主选择中走向成熟的机会。

每个人的路都要靠自己来走，父母不可能永远陪着孩子。只有让孩

听懂孩子的话，
读懂孩子的心

子在成长的道路上，学会自己做主、自己选择，才能培养孩子的独立性和自主性，才能让孩子更好地成长起来。所以，需要父母将选择的权力交给孩子。

雅典奥运会男子十米气步枪的冠军朱启南，父母都是农民，都没读过书，所以他们最大的愿望就是让孩子读书，走出"农门"。为了让朱启南到城里读书，他们到广州做生意。尽管他们经营的生意利润微薄，但是为了孩子的前途，他们甘愿这样做。

1999年某天，夫妻俩接到一个电话，就是这个电话改变了这一家的命运。

回到温州后，他们得知朱启南在体校学习射击一年多了。让儿子学射击，这不是他们最初的打算，他们陷入了犹豫中。体校教练说朱启南在射击方面很有天赋，好好培养的话将来很可能出成绩，朱启南自己表示也很喜欢这项运动，并会为此拼尽全力。最后，经过再三的考虑，父母尊重了朱启南的选择。因为他们觉得孩子今后走什么样的路应该让孩子自己选择。

后来朱启南不负众望，通过自己的努力，在奥运会中夺得了冠军。

朱启南之所以能够成功，完全归功于自己的选择和父母的支持，他应该感谢他的父母，他的父母没有将自己未完成的意愿强加给朱启南，而是考虑了孩子本身的素质、兴趣，以及朱启南应有的选择权力。

对于自己的选择，孩子有着强烈的责任心。正是因为这种责任心的督促，才能一步步打开通向成功的大门。把选择的权力交给孩子，既可以培养孩子的责任心，也可以培养孩子战胜困难的坚强意志，使孩子养成遇事冷静、有主见的良好心理素质。

一年夏天，娟娟意外得到了校长留给的一个参加国际海洋夏令营的机会。她没有和女儿商量就定了下来。没过不久，赴夏令营的手续已经开始办理了。夏令营的费用为1600元，为期6天。娟娟知道这个价钱偏高，但是是校长特意留下的名额，娟娟也只好乖乖交钱。

可是，参加完夏令营的事前培训之后，女儿就回家告诉娟娟："这个夏令营活动是骗人的！明明说是6天却突然改成了5天，而且海洋活动并不多，我不去了！"

"钱都已经交了，怎么能不去呢？"

"退钱呗，这还不好办啊？"

女儿的态度异常坚决，但是却让娟娟犯愁了，校长给的机会，真的不好意思退。再说，多一天少一天区别不大，去了或许很有收获。

这种习惯性的理由浮现在娟娟的脑海里，但是她突然意识到，女儿的说法是有道理的，与其一味让女儿以忍让的态度接受，不如顺势给孩子一个选择的机会。

想到这里，娟娟调整了一下语气，平静地说："去不去参加夏令营，你完全有选择的权力。你如果选择退出的话，那你就得亲自向老师说明情况，并将退营手续顺利办好，你觉得如何？"

娟娟深知退营的困难程度，而且已经快到了赴夏令营的日子。不料，女儿想都没想就答应了。

第二天，女儿顺利办妥了退营手续，并成功地收回了1600元钱。

把选择的权力交给孩子，是父母尊重孩子的表现，这会让孩子学会珍惜选择的权力，并带着强大的责任感按照他的选择走下去。娟娟的女儿就是这样做的，她做得很棒。通过这件事，女儿会得到强大的精神鼓舞，增强她的自信。

当然，给孩子选择的权力之后，父母并不是撒手不管，而是应该通过对孩子的教育，让孩子做出有利于他自己的选择。以下三点建议值得父母们借鉴：

一、培养孩子的选择意识。

孩子的选择意识不是与生俱来的，而是需要父母的正确引导和培养。比如问孩子："晚餐你想吃鱼，还是想吃鸡肉？""周末你想去野营，还是逛街？"

二、不要对孩子管得太细。

有的父母认为孩子的一切事务都是父母应该管的，这样就容易对孩子大包大揽，导致对孩子管得过严过细。孩子总有独自走路的时候，父母何不早点给孩子选择的机会呢？

三、让孩子在体验中成长。

在一些事情上，父母尽量让孩子自主面对，不要给孩子太多的建议和帮助，而是让孩子自己去经历，在经历中感受和选择，通过做出最佳选择，进而培养和提升孩子做决策的能力。

第六章
细心观察，解读孩子的青春疑惑

孩子对身体的困惑，最需父母耐心解答

青春期的孩子对自己身体的发育充满好奇，但是因为缺乏对身体的了解，所以他们通常喜欢问父母。这时候，父母就应该给孩子耐心地讲解，碰到一些父母无法解答的问题，父母要多方搜集资料，争取给孩子满意的答案。

自从女儿升入中学，王慧的心就被牢牢拴在了女儿的身上。当女儿看到班里的大多数女孩子差不多都已经发育时，女儿显得很着急，一天女儿问王慧："妈妈，同学都说我还是个小孩子，我都有点自卑了，我该不会有男性特征吧？如果我有男性特征，那你看看我是不是长了喉结？"王慧笑着说："怎么会呢？每个女孩的发育时间是不一样的，有早也有晚，一般从10岁开始，这和遗传、饮食、体育锻炼等方面有很大的关系。"

说到这里，女儿就说："妈妈，那你以后一定要加强我的营养啊！"

王慧说："好！以后妈妈每天给你准备三杯牛奶，午饭和晚饭多给你做一些好吃的，如牛肉、芹菜、鸡汤、胡萝卜，这些菜都很有营

养的。可惜这些都是你平时不太爱吃的，但是它们对身体发育很有帮助。"女儿又问王慧："妈妈，你当时是多少岁开始发育的？"王慧说："好像是在小学五年级的时候。"女儿怀疑地问："那我为什么没有遗传你哦？"

王慧说："我看了一篇文章，里面说专家研究表明，妈妈对女孩的青春期发育影响很大，但同时爸爸对女儿的影响也很大。要不我哪天带你去检查一下身体，看看医生是怎么说的？"

女儿说："好啊！"

几天后，王慧带着女儿来到医院，经过检查，医生表示女儿的身体没有什么问题。医生还说："现在很多孩子都早熟，发育晚点也挺好的。"

听了医生的话后，女儿总算是把一颗悬着的心放了下来，此后，她不仅每天吃饭规律，还加强了自身的体育锻炼。

试想，如果父母对孩子提出的这方面的问题表现出厌烦，或是干脆拒绝回答孩子。孩子在对自己身体产生更大的好奇的同时，还会对父母的态度感到不满，这种好奇心理可能使孩子通过不正当的途径了解发育知识，不满情绪很可能会影响孩子与父母的感情。

一位母亲在面对女儿提出的关于青春期的问题时，表情极不自然，回答的时候遮遮掩掩，这让女儿感到很纳闷。于是女儿在心里想："难道青春期发育知识有什么见不得人的吗？"想到这里，女儿决心查个水落石出。于是她经常把自己关在房间里，通过上网搜索相关的网页，研究这方面的知识，最后误入了黄色网站，迷恋上了言情小说。

从此以后，女儿就显得多愁善感。每天放学后，她把自己关进房间，尽情阅读言情小说，同时还在自己的墙上贴了很多异性明星的照片和海报；她的书桌抽屉上了锁，每当同学来找她时，总喜欢关起门来聊天，生怕父母听见；她开始注重衣着和化妆，经常把自己打扮得花枝招展。父母看到女儿的转变感到恐慌不已，但是父母的担忧、过问和批评，不但没有改变女儿，反而使女儿对他们越来越疏远。

青春期的少男少女，的确需要父母的关心和引导。尤其当孩子表现出对异性有爱慕的倾向时，父母更要和孩子进行平等沟通，了解孩子的内心想法。

需要强调一点，越是抑制孩子的好奇心，就越会加剧孩子的猎奇心理。青春期的孩子误入歧途，有时候是受到父母和其他成年人的压制后发生的。在青少年性教育的问题上，最理想的教育者应该是父母中的同性者，通过对孩子传播健康、科学的性知识和道德观，才不会让他们在青春期误入歧途。只有这样，才能让孩子顺利度过青春期。

听懂孩子的话，读懂孩子的心

"性"这个问题需要好好沟通

小时候，幼稚无知的孩子经常问："妈妈，我是从哪里来的？""从石缝中蹦出来的"、"天上掉下来的"、"从地里长出来的"……相信很多父母对这样的答案再熟悉不过了，因为父母接受的也是这样的教育。如果说孩子小的时候，这样的回答还能敷衍孩子，但是当孩子走入青春期后，他们就会发现父母曾经说了谎。"为什么要说谎呢？这其中难道有秘密？"孩子会因此对性知识充满好奇。

如果父母感觉对孩子的性教育难以启齿，因而选择不说，孩子就不能通过父母的教育和讲解了解性知识。这会让孩子对"性"产生误解，对孩子的健康成长是不利的。

某男孩讲述了自己学习"性知识"的过程：

从小到大，我都没有从父母那里得知任何关于性方面的知识，我只好通过其他渠道来了解性知识。

对于性的最早记忆，出现在我5岁那年，那时才意识到男孩和女孩的不同。进入青春期后，我对这方面的问题越来越关心。初中时，每当上生理卫生课，老师就让大家自习。于是，生理卫生课本里的内容成为许多同学谈笑的资料。那里面讲授的内容让我对男女生理有了粗浅的认识，当然，这并不能完全满足我对性方面的好奇。所以，那个时期我对各种媒体上的有关性的信息非常敏感。

有一次，我听收音机的时候，无意间听到了一个名叫"夜激情"的节目，这个节目是一个有关感情和性的节目，听众可以通过电话向节目主持人问问题，倾诉自己的苦恼，然后由节目聘请的专家一一给予解答。那些平时被大人们忌讳的话题在这里被堂而皇之地拿出来讨论，我通过他们的一问一答获得了许多知识，同时还释放了自己曾经的困惑和苦恼。高中以后，我感觉自己对性方面的知识了解得已比较全面，所以对待性的心态也平和了许多。

处于青春期的孩子，他们最困惑的问题就是"性"了。因为生理原因，孩子在这个时期会有不同程度的性冲动、性表现。一些医学专家认为，因为生活水平的改善，现在孩子的青春期发育提前，但他们的心智成长却没有跟上来，以至于无法把握身体的变化，出现不少问题。

所以，父母应积极主动地创造和利用性教育的机会，给孩子一些指导，以便他们对自己的身体和相关性知识有一个全面的了解。不能因为传统观念而顾虑重重，就放弃教育孩子的责任。

首先，父母要让孩子清楚一点，体表"第二性征"的出现，表示这个人正在向成年过渡，这是再自然不过的事情。所以，完全没必要担忧和畏惧，而应当感到轻松和愉悦。父母可以用亲切的态度祝贺孩子走向成熟，向孩子提供性教育信息，使孩子以乐观和自信的情绪度过他们的青春期。

其次，父母要科学地对待孩子对异性的关注。青春期的孩子有迷恋异性的倾向和接近异性的行为，此时孩子与异性的交往有着重要的"社会化"功能。通过和异性的接触，逐渐了解异性的身体结构，这为他们日后选择最佳的终身伴侣打下了良好的心理基础。试想，从未接触过异性的人，到了成年阶段再去接触异性，他的心理状态会是什么样的呢。所以，父母在必要的时候可以给孩子讲解一些关于异性的性知识，让孩子不仅了解自身，还了解别人，做到知己知彼。

常言道："十年树木，百年树人。"早在周朝，古人就认识到教育是一项浩大而又艰巨的任务。树木在春天焕发出蓬勃生机，处于青春期的人在这个阶段向成熟过渡，最终步入社会。所以，青春期性教育对孩子的一生有着极其重要的意义。重视对孩子进行青春期的性教育，关系到孩子的健康成长和将来的发展。所以，请父母直面孩子的性教育问题，用正确的心态和科学的方法引导孩子走过青春期。

走入孩子的内心，了解青春期的烦恼

一旦孩子在青春期坠入爱河后，对于自己的感情冲动是难以克制的，当他向爱慕对象表白和得到回应后，很可能开始与对方亲密地交往起来，常常因为恋爱分散了精力，影响了学习。慢慢地，他开始逃避集体活动，和其他同学渐渐疏远。受父母、老师给予的压力和舆论的影响，他难免在思想上背负负疚感，内心矛盾重重。这种心理状态会严重阻碍孩子的身心发展。

某报刊曾刊登了一封高中女生的公开信，在信中该女生畅聊自己的心声，她向父母表示处于花季的少女找到爱慕对象的喜悦之情，包括她的苦闷、烦恼和抑郁。最后，这个女生还表露了自己的心声：我不想做个坏女孩！

生活中，类似这样的"青春期事件"司空见惯，很多时候大人们误解了孩子纯真的心，使孩子感到委屈和痛苦。所以，父母应该引导孩子正确处理青春期情感，通过恰当的教育方式促使孩子情感转移，最后淡忘恋情、抓住友情，使之为学习提供帮助，为健康成长提供动力。

一位母亲在收拾房间时无意发现一张纸条，纸条上写了一个男生的名字。她知道女儿已经15岁了，已经长大了，有些事情需要跟女儿好好谈谈。

晚上，女儿做完作业以后，母亲来到了女儿的房间，和女儿随便聊了起来。聊着聊着，母亲就说起了自己15岁的时候发生的事情。母亲神秘地问女儿："你想不想知道妈妈当初的秘密？"女儿的好奇心被充分勾起，她当然想知道。于是母亲把当年的事情讲给女儿听，故事里讲到了母亲当年15岁时对异性也充满了好奇感。

第二天，女儿的表情有点复杂，午餐过后女儿迟疑了一会儿说："妈妈，我有一个秘密想告诉你。这几天我的脑子里总是出现班里一个男生的影子，我还以为是自己的脑子出问题了呢，害怕你和爸爸知道。可是昨天听了你的故事我才发现，妈妈也曾经有过这样的感觉，那就是证明我很正常，是不是呀？"

母亲高兴地说："那是当然的，孩子。这种感觉非常美妙，一点都不丑陋。但是好感和爱情不是一回事，像你这个年龄的孩子很容易将二者混淆，你可别把它放在心里，这样会影响你的心情，而且会误导你。我建议你和那个男孩子多交往，和班里更多的男生交往，你还可以把你的朋友们带到家里来尝尝妈妈给他们做的好菜。"

看到妈妈如此支持自己，女儿终于放开了自己，她大胆地和更多的男生交往，并时常带他们来家里做客。母亲还时常告诉女儿要与朋友好好相处，互相帮助。

孩子对爱情的认识是模糊的，他们常常误以为好感就是爱。因此，父母应该让孩子正确认识青春期的情感，让孩子学会正确处理青春期的情感烦恼。当孩子对某异性产生好感时，如果父母没有及时引导孩子，孩子就可能越陷越深。所以，父母要有意识地帮助孩子促使情感转移，这样能很好地避免孩子早恋。

一个平时埋头苦读的孩子，在中考后被市重点高中录取。这个女生因为性格原因，从来不喜欢与人交往。后来有段时间，她的脑海里总是出现男女拥抱、接吻的情景，于是开始暗恋班里的一个男生。然而她暗暗告诉自己，她并不喜欢这种感觉，每当她想将这种念头清除的时候，这种念头就越是强烈地出现在她的脑海。这种感觉难免会影响到她正常的学习生活。后来，她开始害怕男生，见到男生她就躲开，她担心自己做出冲动的事情，她认为这样的自己不够纯洁，甚至因此产生了轻生的念头。后来老师知道了这个女孩的苦恼，给予了及时的心理疏导，帮助这个女孩成功转移了情感。

青春期的孩子有许多思想困惑，他们对异性甚至对自己都不了解。当他们对异性产生好感时，既会兴奋不已，也会紧张兮兮，这时孩子的行为举止可能有点怪异，情绪波动较大，学习成绩也不稳定。此时，父母不能一味地批评孩子，而要深入了解孩子内心的烦恼，想方设法将孩子的注意力从"朦胧的爱意"转移到学习和生活中的其他事情上。一定要对孩子的情感问题多加留心，一旦发现势头不对，就及时提供帮助。对儿子应该灌输责任意识；对女儿要讲自我保护，讲自尊、自爱。父母以朋友的身份向孩子提供建议，会阻止很多意外的出现。

孩子早恋的心理谁人知

处在青春发育期的青少年，由于生理的发育，促使他们对异性产生兴趣，并从内心深处感受到异性的吸引。由于渴望了解、接触异性，男女同学之间会通过言谈讨论等方式去满足好奇的心理。在这个时期，青少年异性之间的交往更多的只是出于好感和爱慕，是一种无意识的行为，谈不上爱。所以，并不是所有的男女同学之间的交往都是早恋现象，哪怕有时候

听懂孩子的话，
读懂孩子的心

交往比较密切。

　　小雁是初中二年级学生，平时比较沉默，但是只要和同学小烨在一起，她就会有说不完的话。小烨也感到自己和小雁比较投缘。有一段时间，他俩形影不离，一起上学，放学后一块儿回家。每到星期天，他们就找借口从家里出来，然后一起逛公园、看电影。

　　放暑假时，小烨和爸妈回了一趟老家。见不到小烨，小雁心里总有一种难以名状的感情，她觉得自己爱上他了。整个假期，小雁都显得无精打采。

　　终于，他俩又见面了，小雁难以抑制长久的思念，一时冲动，献出了自己的初吻。可是自从他俩好上后，两个人的学习成绩就变得一团糟，因为他们都没有那么多的精力投入到学习上。小雁感到很内疚，而且有一种犯罪感，责怪自己是一个坏女孩，不该拖累了原本学习成绩很好的小烨。

　　早恋是青少年性心理在行为上的表现，单纯而不稳定。这种感情一旦爆发，往往会在现实生活中遇到阻碍，从而给孩子的心灵带来极大的困扰。

　　进入青春期，青少年对异性充满了浪漫的幻想，渴望接近对方、与对方交往，这是正常的现象。然而相对较弱的自我控制能力使得他们不知道如何去面对自己的感情。歌德曾说过："萌动的春情之所以美好，就在于它既意识不到自己的产生，也不考虑自己的终结，它是那么欢乐而明朗，竟觉察不到会酿成灾祸。"

爱是神圣的、美好的，然而早恋却是不可取的。对孩子而言，早恋有很多弊端。

尽管早恋也能带给孩子一些上进的动力，但是更多的事实证明，早恋会带给孩子许多弊端。美国科研人员的研究显示，在17岁前谈情说爱的少年，由于无法应付初恋带来的情绪困扰，将为日后患上精神疾病埋下隐患。研究表明，女孩子比男孩子更容易被男女的感情关系所伤，感情纠葛会使女孩子患忧郁症的机会增加1/3。

较普遍的现象是，早恋容易导致孩子学习成绩下降，与父母的关系也会变差。早恋结出的果实往往是苦涩的。对孩子来说，他们自制能力差，易做出越轨的事情。同时，少数孩子不知如何表达自己的情感，往往不知道如何拒绝异性。

早恋既耽误学业，又影响孩子的心理健康。有些女孩子憧憬美好的爱情，由于在早恋中失去理智，过早地品尝"禁果"，由于无知而怀孕，因为怀孕而偷偷采取极端措施，等等，因此给自己的身体以及心灵带来无尽的痛苦。如今，在中学里，早恋现象有越来越普遍的趋势。

近来，男女学生在马路上牵手而行已成为司空见惯的现象。他们都穿着学生装，还背着书包，只是亲昵的样子让人感觉不对劲。

在深圳市福田区某大厦前面的马路上，一个男生拥着身边的女生来了一个亲吻，这一显眼的行为让路人感到很吃惊，纷纷向他们投来好奇的眼光。女生感到不好意思，低下了头，而男生却毫不在意，依然大模大样地牵着女生的手。

在路边绿化带，成双成对的学生坐在石凳上，书包扔在一旁，其

中一个女生躺在男生的腿上,男生则抚摸着女生的头发,俨然是一对情侣。还有一对则紧紧拥抱,好久好久都不见分开。他们对外界发生的事情浑然不觉,旁边许多行人对此摇头叹息。

如今,孩子的早恋现象已成为普遍问题,早恋给孩子的身心发展带来不利的影响。究其根源,早恋既有孩子自身的原因,也有家庭和社会的原因。

物质生活的相对富裕,促使孩子身体早熟,而心理上却缺乏自制力,孩子的心理发育跟不上身体发育的速度,从而在行为上不懂得如何掌握分寸。

孩子恋爱了,父母的心就悬起来了。其实,家庭教育对孩子的影响最大。孩子早恋是为了得到一份关爱。从心理学角度看,孩子去爱护、关心、照顾另一个与自己没有血缘关系的异性,属于心理上的成长。被异性长久关注是趋于性成熟的孩子追求的美好的心理体验。

一些孩子缺少父母的关爱,或孩子的需求被父母忽视,那么孩子上中学以后,一旦有异性对其关心或照顾,就很容易导致早恋。

小柏在日记中写道:"我不明白和父母交流起来为什么那么困难,我不敢、也不愿意跟他们说心里话。如果我说喜欢某个女生,他们肯定认为我变坏了,然后对我轻则一顿臭骂,重则拳脚相加。可是和女孩子交往时我总会很开心,因为她们善解人意。我和小薇比较谈得来,于是被别人说成男女朋友、早恋。反正父母对我很失望,我也就表现出无所谓的样子。后来,我和小薇真的谈起恋爱来了……"

孩子早恋的重要原因之一是受社会环境的影响。各种媒体经常播放一些未成年人恋爱的镜头，使得孩子印象深刻，并认为早恋是正确的。同时，一些娱乐场所为男女孩子相互交往提供了便利。

专家认为，对孩子的"早恋"现象不能轻视，这是一个非常严肃的社会问题。孩子出现早恋现象，父母没有必要对此感到恐慌，应该采取措施积极引导，同时应该理解孩子的做法。

首先，父母对孩子的感情要持宽容、理解的态度。

父母切忌认为孩子"早恋"就是胡闹、不听话，这样不仅难以说服孩子，还会使孩子在心理上产生抵触情绪，变得更加反叛。父母应该理解孩子，小心地呵护成长。

父母应该分析孩子"早恋"的心理原因，以便对症下药，做到既是洞察孩子心扉的可敬家长，又是能帮助和指导孩子的可亲朋友。只有这样，才能避免孩子陷入感情的旋涡，品尝"早恋"的苦果。

其次，父母应该教孩子正确处理与异性之间的交往。

一天放学后，六年级的芸芸神神秘秘地对妈妈说："妈妈，到我房间去，我有话对你说。"进了自己的房间，芸芸郑重地把门关上。沉默了一分钟后，她对妈妈小声地说："你不准告诉爸爸。"妈妈坚定地说："我保证。"

芸芸鼓起勇气说："我们班里有一个男同学叫王飞，他吻了我，并说他喜欢我。"芸芸说着脸就红了，低下了头。

妈妈问:"后来呢?"

芸芸说:"后来他每天都等着我一起上学和放学。"

"你喜欢他吗?"妈妈问。

"说不准,反正很多男同学都比他优秀。"芸芸回答说。

"那你打算怎么办呢?"妈妈问。

芸芸摇摇头,表示不知道。

妈妈试探地问女儿:"你告诉老师行吗?"

芸芸马上反对:"那样全校都会知道。"

妈妈说:"那你就当面告诉他,说你不喜欢他。"

然而善良的芸芸说:"我怕伤害他的自尊心。"

妈妈说:"那就只有采取回避他的办法了。"

芸芸说:"这个方法我试过了,回避了几天,没有用。"

妈妈沉思了一会儿,语重心长地说:"芸芸,你的同学喜欢你是他的权利,你是否喜欢他也是你的权利,都没有错。假如你上初中又有一个同学喜欢你怎么办?上大学又有一个同学喜欢你怎么办?走向社会又有一个同事喜欢你怎么办?

目前你还是应该以求学为主,除了同学间正常交往之外,尽量回避非正常交往。人生的路很长,以后,还会有很多优秀的男孩出现在你面前。所以,王飞再找你,你要下定决心尽量回避他。时间长了,他会明白的。"

两个星期过去了,芸芸悄悄地对妈妈说:"王飞再也没有等我一起上学和放学了。妈妈,你真伟大。"

芸芸的妈妈懂得尊重孩子，并教孩子正确地处理与异性间的交往：以学习为主，不能与异性交往过于密切。对自尊心强、善解人意的孩子来说，父母只有用暗示或提醒之类的语言去点拨孩子，才能赢得孩子的信任，才能培养孩子自尊自爱的道德情操。

父母应该培养孩子广泛的兴趣，以兴趣爱好来丰富孩子的业余生活和内心世界。

妈妈发现小辉早恋了，不仅没有斥责他，反而比过去更加关心儿子。知道小辉喜欢语文，便鼓励他参加年级朗诵组，还启发他写日记。小辉的写作水平得到了迅速的提高，不久，他的习作便频频出现在班级的墙报上。小辉开始喜欢集体活动，不太和"女友"单独来往了。一年后，小辉在期末考试中获得了全年级第五名的成绩，还被评为三好学生。学习、集体活动占据了小辉日常生活的大部分时间，当初他对异性的爱慕心理渐渐得到平息、淡化。

培养和发展孩子广泛的兴趣爱好，一方面充实了孩子的生活，另一方面也提高了孩子各方面的素养。最重要的是，孩子会从中寻找积极的、有意义的目标和生活乐趣。

听懂孩子的话，
读懂孩子的心

积极引导，让孩子远离色情

目前，孩子进入青春期的平均年龄是13岁，有的孩子在10岁就进入了青春期。导致孩子青春期提前的因素有很多，比如说营养过剩、媒体的传播等诸多内外因素。

辛辛是一个处于青春期的男孩，出于好奇心，他看了一张黄色光盘。之后，辛辛深陷其中，不能自拔，每天总是回想那里面的淫秽内容，上课也不能专心听讲，和女同学说话时也会一下子想到那些淫秽的镜头，甚至有时竟然有试一试的想法。辛辛感到备受煎熬，怀着愧疚和痛苦的心情，投信报社请求帮助。

青春期的孩子难免出现性欲望和性冲动的状况，这是正常的。人体生殖内分泌系统存在着一个下丘脑—垂体—性腺轴系，当人进入青春期后，下丘脑释放促性腺激素的频率和幅度增加，使体内的雌激素或雄激素的量大大增加，从而引起青春期的发育。

青春期的性冲动就是由那些激素积累到一定程度时激发出来的。来自视觉、听觉、嗅觉、触觉等方面的刺激，就可能成为性的刺激。比如，关于性方面的图片、文字、声音和异性身体的气息，人体受到这些刺激后，会通过头脑支配脊髓中的性中枢引起性的冲动或欲望。

所以说，性激素水平迅速升高激发了人的性欲望和性冲动。然而，由于思维发达，人的性本能冲动可以受到大脑的理性控制。

青少年生理发育正常，到了这一年龄就会产生性的幻想和憧憬，这都是自然而然、天经地义的事。这时，如果孩子得不到正确的引导，将低级下流的事情和性冲动和欲望画等号的话，就会自责或产生内疚感；或是因为对性冲动和性欲望的理解和控制不当，致使孩子在未成年时发生性行为，这都会对孩子的身心健康造成不良影响。

王阔读初中二年级，刚刚转学到一所新学校。他的性格内向，身边几乎没有一个朋友。一天放学后，王阔来到一家网吧上网，本来像平常一样玩玩电脑游戏，可是那天他觉得百无聊赖，对玩游戏也提不起兴趣来。就在这时，他无意中打开了一个色情网站。网页上面都是一些穿着泳装的少女的图片，有的图片上的女孩则是一丝不挂。王阔看到这些画面不禁满脸通红，慌忙关掉了网页。

回去的路上，王阔有点魂不守舍，对周围的一切熟视无睹，脑海里一直浮现着那些女孩的画面。晚上，王阔梦见了那些女孩子，感到一种前所未有的兴奋、冲动，在梦里，王阔和女孩拥抱、亲吻……

从此以后，王阔越来越沉默寡言，每逢上网便寻找那些色情网站，仿佛只有如此，才能得到心理上的满足。不久，这些黄色网站都被依法取缔了。王阔找不到刺激的图片，开始变得无精打采，上课也不专心听讲，做什么都打不起精神来。

王阔总是难以忘记那些看过的画面，甚至不由自主地性幻想。这种感觉让他很羞愧，又找不到人可以倾诉。于是，王阔总是控制不住自己的"非分之想"和性冲动，他越来越觉得自己下流、无耻，像流氓那样。有一天，王阔在课堂上忽然站了起来，惊恐地说："我，我不是流氓，不要抓我……"

经诊断，王阔得了精神分裂症。

美国儿科教授布鲁克先生警告说："同时拥有成人的身体和孩子的头脑是很危险的。"处于青春期的孩子，他们的性腺日趋成熟，生殖系统日渐成熟，然而由于社会规范的限制和自身发展的需要，他们必须克制自己的性欲望。

青少年的性意识被日渐成熟的性生理所激发，对性知识产生浓厚的兴趣，一旦接触到低级趣味的、不健康的读物，就会趋之若鹜。这就好比吸毒的道理一样，刚开始大家都是抱着好奇、试一试的态度，一旦成瘾就会弄得自己倾家荡产，终身无法摆脱。青少年受黄色书刊和影视片的影响也是如此，就算是一本手抄本的低级读物也能毒害、影响孩子的一生。

其实，并不是每个处于青春期的孩子都会对低级读物产生兴趣，也不意味看了低级读物和黄色刊物的孩子就会犯罪，重要的是青少年应该怎样看待和抵挡这种"诱惑"。正确的人生观和积极的兴趣爱好可以有效抵挡这种诱惑。正如茅盾所说："命运，不过是失败者无聊的自慰，不过是懦弱者的解嘲。人们的前途只能靠自己的意志、自己的努力来决定。"

孩子有没有"底气"去拒绝色情的诱惑，和他们所受的家庭教育有关。从某种程度上来说，"底气"是一个人长期所受的家庭教育的积累。

孩子的青春期提前到来，使得父母不得不面对严峻的现实问题，那就是：如何对待孩子性生理成熟后萌发的性好奇心理？如何让孩子抵制色情诱惑？

要帮助孩子抵制色情的诱惑，首先要净化刺激源。

色情音像和书刊就像精神毒品一样摧残着青少年的身心健康，它们是导致青少年走向罪恶深渊的祸首之一。因此，避免让孩子接触到这些东西，或是净化孩子身边的接触源就显得尤为重要。

父母对孩子购买或借阅书刊、光盘等要给予指导，告诉孩子要到正规的书店和图书馆。父母自己不要将有淫秽内容的纸质读物或电子读物带回家。黄色书刊、光盘等可以没收，网上色情却难以控制，所以父母要教育孩子尽量不要到网吧去上网，或者应该由父母陪同上网。

同时，科学知识像预防针，可以增强孩子的免疫力和抵抗力。父母可以让孩子在闲暇时阅读一些社科类、学习类的相关书籍。

其次，父母要多留意孩子身心的变化。

有的孩子遇到自己身体发生变化和发育方面的问题时，常会闷在心里，不好意思说出口。因此，父母要多留心观察孩子是否有异常表现。例如，有的孩子成天萎靡不振的原因竟是怀疑自己的性器官发育不够完全，身心健康受到很大影响。

父母可以建议孩子遇到性心理问题时要多与成人交流，向老师或家长求教，也可向热线电话、咨询部门求教，及早寻找到一个科学的答案。

上初二的小夏和表哥的关系很好。小夏遇到高兴、烦恼的事情，都会写电子邮件向表哥倾诉。最近，小夏感到自己遇到了有生以来的一个大烦恼，于是他在给表哥的信中写道："表哥，告诉你一件事情，不过，你可要帮我保守秘密哦。

"最近一段时间，我看不进书，上课也不能专心听讲，脑子里总是胡思乱想。有一次，我去看一部电影，里面有一些男女拥抱、接吻和其他性爱的镜头，还有一个镜头是女主角半裸着身体，给我留下了深刻的印象。回来后，我吃饭时想，走路时也想，白天想，晚上还想。我们班上有个女同学长得有点儿像那个女主角，我一看到她，心跳就加速，于是我拼命地控制自己不要去看她。为这，我都没有心思去听讲。

"我真担心自己这样下去会是什么样子。我一面向自己保证一定要做个道德高尚的人，可是另一面又把那个女同学的样子和那个女主角的样子在脑海中叠起来。我常常骂自己可耻、下流，我真害怕，我不知自己怎么了……"

表哥收到小夏的来信，看完后，立即明白了是怎么回事。原来，表弟正在青春的骚动与困惑中苦苦挣扎。

于是，表哥回信道："表弟，哥哥看了你的来信，我明白你心中感到困扰的事情是什么，当然，我一定会给你保密的。其实，我也曾经像你这样'胡思乱想'过。现在，我告诉你，你所说的这件事情并非什么'见不得人'的事情。这只是一种青春期的性冲动，这是进入青春期以后的少男少女常常产生的一种性心理的表现。现在你缺乏必要的性生理和性心理知识，所以不能科学地对待自身的变化，也不能正确对待周围的异性，因此会出现困惑和不安。我建议你要了解一些性知识，加强性道德的修养，培养自觉的性抑制力。还有就是平时多看一些有益的课外图书，多参加有益的课外活动。"

小夏见表哥是"过来人"，也曾和自己一样困惑，于是不再感到烦恼，按照表哥的建议，阅读有益的书刊，参加有益的课外活动。不久，他又恢复了往日的活泼，学习、生活也恢复了正常。

让孩子给自己积极的心理暗示也是一种有效的方法。

一般来讲，性格开朗的孩子往往是比较理智的，他们态度积极，生活规律，即便是他们产生性冲动，上述这些特质也会帮他们正确对待性冲动。

因此，父母可以让孩子把心中的想法、好奇心或者对特定异性的思念和关切写进日记里，以自己的道德修养和意志力消除自己的消极情绪，利用理性有效控制自己的情感和行为，并对自己进行积极的心理暗示，把对异性过多地关注转变为推动学习和使自己全面发展的动力。只有这样，才能增强孩子的意志力，从而抵制色情诱惑。

第七章
给孩子一些空间，让孩子知道父母尊重他

父母对孩子的爱也应保持距离

生活中,没有一种事物不是因为适当的距离而变得格外美好的。父母对孩子的爱,也应该保持恰当的距离。如果父母企图将孩子圈定在自己的视线之内,将孩子限制在自己能够干涉的范围之内,对孩子来说,无疑是一种心灵上的摧残和成长的痛苦。

与孩子保持距离,可以让孩子在成长中逐步减少对父母的依赖感,产生独立的生活意识。孩子会在尝试一些事情之后得到收获,动手能力得到提高。让孩子大胆地去玩耍,去嬉戏,去尝试,去体验,才能让孩子健康快乐地成长。

我们经常可以看到,在高中新生入住宿舍时,大多数家庭几乎是全家出动,帮孩子大包小包地搬行李,爸爸搬东西,妈妈搞卫生,帮孩子铺床整理。

宿舍走廊上,一对父子引起了人们的注意,他们靠着栏杆站着,爸爸对孩子说了几句简短的话,儿子不时点点头;宿舍里,妈妈告诉孩子怎样摆放东西,刚打完球不要马上冲凉。临走时,他们还不忘叮咛孩子"好好学习,注意健康"。

听懂孩子的话，
读懂孩子的心

这个孩子名叫周鸣，是高一新生。事实上，他家离学校不远，但是父母为了锻炼周鸣，特意鼓励他住校。周鸣的妈妈说："孩子在家的时候，煮饭、倒垃圾、洗碗这些事情他都要做，从初二开始，他就动手洗自己的小件衣服。"爸爸说："让孩子住校，可以锻炼他与人交往的能力，可以提高孩子的独立能力。"

每当新学期开始的时候，总有一些学生会住校。或许是因为离家较远不得不住校，或许是因为父母为了锻炼孩子的独立生活能力，而鼓励孩子住校。总之，住校可以锻炼孩子的生活自理能力和交际能力，对孩子是一种考验，对父母的心理也是一种考验。

其实，让孩子住校，就是与孩子保持一段适当的距离。父母爱孩子，不一定非得整天将孩子困在自己身边，每天搂在怀里。因为孩子每天都在成长，总有长大的一天，只有与孩子保持恰当的距离，才是最符合生命成长规律的，才是最有益于孩子健康的。

当今社会，独生子女越来越多，从小生活在父母的呵护下的孩子，很容易以自己为中心，缺乏关心他人的意识，这不利于与人交往。在家里，父母可以包容孩子的过错和倔强，但是终有一天孩子要走出家门，与他人打交道。如果孩子缺乏必要的交往能力，那么他在未来的道路上将会遇到很多麻烦。所以，与孩子保持距离，让孩子得到锻炼，是为孩子的成长和成才做长远打算，最终对孩子是有好处的。没有这种意识的父母成天为孩子遮风挡雨，百般呵护，表面上对孩子爱得那么炽热，殊不知是在葬送孩子的将来。

齐齐已经上小学了，上楼下楼的时候，不是爷爷奶奶抱，就是爸爸妈妈扶。齐齐长得高高的，虽不是很胖，但是总让父母抱着上楼下楼，多少让人感觉很累。

一天，一位邻居阿姨看见爷爷抱着齐齐上楼，于是不假思索地问："你孙女的脚受伤了吗？"爷爷说："没有啊！""那你为什么抱着她上楼梯呢？"邻居诧异地问。"唉，抱惯了。"

没有与孩子保持适当的距离，整天把孩子抱在怀里，让孩子黏着父母，孩子就会失去锻炼的机会，孩子的独立性就得不到培养。而且没有距离的爱往往会变成溺爱，在溺爱中成长的孩子，是难以适应今后的学习和生活的。所以，爱是需要保持距离的，有距离的爱才不会成为溺爱，这样的爱才是对孩子最好的爱。

教育专家表示，如果父母不懂得与孩子保持距离，就容易不尊重孩子。许多人对同事和陌生人面带笑容，非常礼貌，而对家人却将客气的话和礼貌用语全部省掉，有时把尊重也省了。说着说着，就忘乎所以，开始将对方视为情绪垃圾桶，无所顾忌地发泄一番。很多父母在单位遇到不顺心的事，回家看到孩子手中的成绩单，或接到老师的告状电话，就开始唠叨不停，发泄没完，训骂、暴打、羞辱，无所不用其极。父母认为这样对待孩子是为孩子好，孩子不会介意，最后却伤害了孩子的自尊。

家长和孩子说话，有时候也得保持一定的距离，否则就会看起来没有

轻重。有的父母认为孩子是自己的,所以说话变得随意起来,批评孩子的时候把那些不文明的用语用得淋漓尽致。这就是父母的失败,把失望的情绪发泄在孩子身上,不但伤害了孩子,也会伤害自己。

父母与孩子相处时如果没有距离,孩子会不服管教。民主的父母会与孩子做朋友,平等交流,做做游戏,甚至打打闹闹。但是如果父母忘记了自己扮演的"成人"这一角色,太过于随便,与孩子之间没有了距离,父母在孩子眼中就会丧失威信,孩子也会变得任性。当孩子不听教导,耍脾气时,最好的办法就是制造离开孩子的机会,与孩子保持合适的距离。

如果父母与孩子没有保持适当的距离,父母的行为可能会让孩子窒息,让孩子找不到透气的窗口。俗话说得好,"距离产生美",所以,有时候还是要适当和孩子保持距离,这是尊重和信任孩子的表现。

孩子需要体验生活的机会

有一句俗话说得好:生容易,活容易,生活不容易。没有谁的生活是一帆风顺的,荆棘、苦难也同样是生活中的一部分,如果没有体验过,那就不算是完整的生活。而现在很多家长却害怕孩子体验生活中的这些困难,总是以自己过来人的身份去要求孩子这样做、那样做,还美其名曰是为了孩子好。其实,有些东西孩子不亲自体会,是永远无法发现它的"功效"的!孩子的内心世界就犹如一张白纸,他们需要用绚丽多姿的色彩去描绘出一幅美丽的画卷。

有一位华人母亲搬到了美国,她找了一份家庭保姆的工作,帮一位美国母亲照顾孩子。有一天,孩子在家里不小心绊倒了,坐在地上哇哇大哭起来。看到孩子哭得这么伤心,华人母亲赶快起身要去扶孩子,但美国母亲却阻止了她。华人母亲对美国母亲说:"孩子哭成这样子,你都不管他吗?你太残忍了。"

美国母亲却指责这位华人母亲说:"你太残忍了。"

华人母亲说:"这么小的孩子跌倒了,而且哭得这么厉害,亲生母亲不去扶他,也不让我去扶,你才残忍。"

美国母亲说:"孩子跌倒了,他自己完全可以爬起来。爬起来,他就成功了一次,你连这样的锻炼机会都不给他,如何让他面对将来激烈的竞争?你才是真正的残忍。"

从当时的情况来看,美国母亲是"残忍"了一些,孩子摔倒了都不管。但从孩子的长远发展来看,美国母亲的话不无道理,美国母亲懂得放手,而放手恰恰给了孩子体验的机会,让孩子可以从小学习如何面对挫折。而华人母亲的举动可能是大多数国人的想法,永远在给孩子提供无微不至的关爱,爱到忘我,却忽略了孩子真正需要的是什么样的爱。无微不至的父母之爱会让孩子变得无能。

朱自清先生曾就父母要懂得对孩子放手的问题上说过:"要让孩子在

正路上闯，不能老让他们像小鸡似的在老母鸡的翅膀底下，那是一辈子没出息的。"父母应该学会放手，给孩子一些自由体验的机会。

曾有一篇报道说了这样一件趣事：一名小学语文教师对记者讲了一件"路上钱真多"的趣事。某日，她给班上学生布置作文题目《我做了一件好事》。等作文交上来后，发现全班42个学生中竟有36人写的是捡到了钱；再不然就是坐车给人让座；还有就是路上遇到个老奶奶，扶老人家过马路。我们20年前写作文的模式，我们的孩子今天还在用。

孩子真是"贫"得没有了生活，只会编千篇一律的老掉牙的故事吗？这能怪孩子吗？现在的孩子除了上学就是上课外培训班，人生中最快乐的时光几乎都被英语、奥数、舞蹈、钢琴、绘画等侵占了，哪有时间去感受生活，哪有机会去发现美好的事物？甚至连上下学时和小伙伴一同看看路边的花草，看看马路边风景的权利都被剥夺了。大人们不让孩子做某事的时候总有他们的理由。马路上车多，不安全，所以父母接送孩子上下学；外面坏人多，所以父母从来不让孩子单独出门玩耍。

父母每天最常对孩子说的话就是"作业做完没"、"别看电视了"、"快点去睡觉"。这种单调贫乏的生活，不仅导致孩子作文素材的贫乏，还会伤害孩子的身心，打击他们对生活的热情。家长应该学会懂得放手，让孩子去亲近大自然，去亲自体验生活。

南方一所小学的一位一年级老师，在新生入学时发现了一件让她惊愕又好笑的事。

午餐时学校供应了好吃的时令水果——杧果，多数的孩子都很喜欢这种水果，但是却有几个孩子拒绝了，理由是他们不知道怎么吃杧果。

"不会吃杧果？"老师以为自己听错了，赶忙再问孩子一次。

"老师，你可不可以帮我把杧果皮剥下来，切成一块一块的？"一个孩子很认真地说。原来孩子在家吃到的杧果都是母亲剥好皮，再切成一块块的。

"不行，老师不能帮你剥皮，不过我可以教你怎么吃。"老师一边回答，一边抓起孩子的手，教他用手剥掉杧果的外皮，直接吃里面汁多鲜美的果肉。

"老师，我的手会黏黏的，不舒服呢。"果汁流到了孩子的手上，其中一个孩子对老师说。老师忍不住笑起来，原来孩子不愿意剥杧果，是因为不喜欢手上有黏糊糊的感觉。

"没关系，吃完洗手就好了，别担心啦。"有了老师的保证，这群孩子才放心。

孩子竟然不会吃带皮的水果，父母到底剥夺了孩子多少学习与享受的乐趣啊。就像我们总是看到这样的新闻，上大学的孩子不会剥鸡蛋皮。我国台湾的新闻中提到鸡有几条腿，有孩子竟回答说"六条"。因为他只吃过鸡腿，没有看过鸡。用手吃带汁的水果，体会黏糊糊的感觉，不也是一种生活体验吗？享受美食，不正是一种生活乐趣吗？怎么现在的孩子连最原始的享乐都不会了呢？

也许父母为孩子做得太多，而剥夺了孩子应有的学习体会，因为爱太

多,父母夺去了孩子原始的生物本能。但爱不能成为剥夺孩子体验生活的借口。父母的溺爱会让孩子变得无能又无情。

学会了剥水果的孩子也就知道了,如果手的感觉是黏糊糊的,只要洗一洗就没事了,没有什么好担忧的。父母以爱的名义剥夺孩子享受生活的乐趣,剥夺孩子生存的能力,实在是一种"残忍"。

孩子未成年时,父母是保护者,保护着孩子可以健康成长,给孩子提供安全的避风港,但在爱孩子的同时,父母要懂得放手,该放手让孩子去体验时就要学着放手。一个对生活有感悟的孩子会更热爱生活,他的心灵与人生都会是多姿多彩的。

孩子并非只属于父母

台湾作家龙应台的《亲爱的安德烈》一书中有一段话是这样写的:"你的儿子不是你的儿子,他是一个完全独立于你的'别人'!"多么经典的话语,完全诠释了家庭中,家长与孩子之间的关系。

会放风筝的人都知道,要想让风筝飞得更高更远,那就必须给风筝放线,全天下所有的家长,都对自己的孩子怀着伟大的纯粹的爱。家长为孩子遮风又挡雨,给了孩子温暖和安全,但是在孩子成长到某一个阶段的时候,家长会忽然间感觉到孩子对他们的"视若无睹"——孩子不再依偎在家长的身边，向他们倾诉，或者和家长沟通。孩子即使遇事也不再征询家长的意见了，越来越习惯自己决定和自己来承担了。慢慢家长会觉得不能再约束孩子，不再知道孩子对事情的看法了，明明是至亲至爱的人，为什么和孩子的心灵却好像离得越来越遥远？

在孩子的成长阶段里，对家长来说相信孩子也许并不是一件很难的事情，但放手让孩子按自己的想法去做事情，却不是轻轻松松就能实现的。在孩子教育上放手的家长大多出于无奈，因为家长对孩子的影响力存在着明显的局限性，孩子发自内心地质疑家长的某些做法。因此家长的此类做法显得有逃避的嫌疑：如果家长的做法左右孩子的成长了，那么家长应该让一步，试着让孩子自己去选择、去把握生活。其实，对孩子放手是一个父母必须经历的过程。

有一个民间的传说：

有个地主家的小孩从小习惯了锦衣玉食的生活，长大后他还是对家人很依赖。有一天，地主家人要外出远行办事，对孩子无微不至的父母在儿子的脖子上挂了个硕大的烧饼，临行前叮嘱他说："吃完了前面的，记住把后面的饼转到前面来吃呀！"一个月后，他的父母回家后发现自己的孩子饿死了。原来，他根本懒得把后面的烧饼转到前面来。伤心欲绝的父母这才醒悟，怪就怪他们一直就这么宠着孩子，后悔当初没给孩子一些自己做事的机会。

综上所述，可能你会觉得有些夸张，但家长是否问过自己，你对孩子的把持度是不是也像上述父母一样呢，从来没给孩子一点自由选择的权利？很多家长觉得孩子没有独立能力，但如果试着让孩子去做一些事情，是不是就渐渐培养了孩子自己动手的能力呢。首先，家长应该将生活自理这件事教给孩子，让他们懂得责任感，懂得如何自己去处理一些事物。其次，家长还要在孩子的交际问题上适度放手，引导孩子学会正确的交际，懂得如何处理一些实际的交际问题。孩子的成长得益于家长的放手。

从任何意义上来讲，孩子的成长都意味着孩子与家长心理上的距离在变远，保持适当的距离，孩子会成长得更好。这里的距离并不是说现实中的距离，如果孩子们都是独立自主的人，他们的身心就是健康的。现实中的分离和心理上的分离并不能混为一谈。但是，大多数家长常常将这两种混为一类，孩子心理上的成长也就受阻于此。

换而言之叫作"家长的温柔一推"，什么意思呢，就是家长有意识地把孩子"推出去"，这样更有利于孩子和社会接轨。任何一个孩子的心理都是矛盾的，他们既希望摆脱家长的束缚，与此同时又想躲进家长的港湾避风，但家长一定要把握好这个度，适度放手更有利于孩子的成长。

家长与孩子之间的距离，直接关系到一个孩子一生的成就和幸福。健康成长的孩子，能够适应和习惯孤独的环境，其特点是：深受社会影响，内心和谐，人际关系和谐，自己的潜能也得到了很好地开发，积极进取。孩子健康成长的必要感情条件离不开家长对孩子的关爱，这就像汽车发动机需要汽油的道理是一样的。但家长需要清楚付出的爱是为了什么，不仅仅是停留在表面的关爱上，最关键的是让孩子抱着积极的态度面对生活。家长仅仅对孩子说一些关爱的话语，这样的表现不足以促成孩子怀揣着积极的态度拥抱生活。家长应当适度地与孩子剥离，让孩子试着自己去适应生活。如果家长不给孩子一些自己体验事情的机会，那么孩子的成长和独立又从何谈起呢？

如果家庭关系过于紧密，彼此的关系和位置都会被混淆，彼此的情绪也深深影响着对方，孩子尤其深受其害。孩子心灵的成长被这种紧密关系严重阻碍。家长一定要放弃对孩子凡事都亲自操办的做法，试着让孩子独立一些。家长不要将自己定位于"避免孩子忧伤"的角色。生活中不可能没有忧伤和焦虑，不论是谁都要面对它们。给予孩子安全感是家长的当务之急，这样孩子才能在面对困难的时候顺利度过。家长也要给予孩子一定的理解，理解他们的疾苦，陪伴孩子面对忧伤，但千万不要代替孩子去面对困难。否则，孩子的成长健康将深受影响，长大后他们也会常常缺乏安全感。

选择是生命的价值，但这一生命原则常常被家长所遗忘，他们常常替孩子做选择，而不是让孩子自己做选择。这样做的后果等于家长亲手扼杀了孩子的生命。

一个能决定自己人生的孩子，他的人生是精彩的，虽然有时候会为自己的选择而付出代价，遭遇挫折，但往往是挫折造就了精彩的人生，孩子也因此而感到人生的美好所在。相反，假如家长没有对孩子放手，家长的意愿就会左右孩子做事的态度。那么，家长的意愿越强烈，孩子的压力也就会越大。其一，孩子会降低对生活的激情。当孩子有这种倾向时，他

听懂孩子的话，读懂孩子的心

们很想对家长说给自己一点自主选择的机会，但孩子常常处于被选择的状态之下，所以连说"不"的勇气也没有了，只好唯唯诺诺地一直下去。其二、家长的意愿达到了，他们强行控制孩子的目的达到了，家长很可能会觉得孩子现在这个状态最好，很听话，但家长最后发现表面上看孩子很努力，可最终的结果总是事与愿违。原因何在，因为家长们没有听到孩子的心声，孩子是讨厌被家长束缚的。如果家长想要有所改变，最佳方式就是适当放手，家长可以给孩子设定一个底线——只要不做违背道德的事，其他的事都可以自己做决定，孩子自己决定自己的人生，只有孩子有解决不了的问题时，家长才可以施以援手。

美国某著名的大学，有一个中国留学生，他在中国读书时学习成绩很好，父母对他相当疼爱，从小到大都不让他做家务活，他自己的生活也一直是由父母包办。来美国后，自理能力差，又不善于交际，因此感到很孤独，再加上水土不服、饮食不习惯等诸多因素，特别地怀念故乡，没来美国多久就病倒了，更要命的是由于生活费用不够，他濒临退学。别人给他一个勤工助学的建议，他拒绝了，原因是太累。没过多久他几乎身无分文，强忍着撑到了学校的假期，他做了一个艰难的决定，决定退学回国。

儿子在机场看到了亲自接机的父母，他激动地立刻冲了过去。满面笑容的父亲伸出双手准备拥抱儿子。当这父子俩就快抱到对方的时候，父亲忽然退后，孩子结结实实摔了个大跟头。他不知道父亲这么做到底是为了什么。父亲扶起孩子继而说道："孩子，没有谁会是你一辈子的依靠。现如今我已经醒悟，后悔当初没有给你一些自己做主、做事的机会。你别怪爸爸无情，我决定现在还你自由，让你对你自己的人生做个决断。你若想成功，必须要自立、自强，凡事都要靠自己！"父亲说完后，给孩子手里放了一张回美国的机票。

父亲的一番良苦用心深深打动了孩子，孩子随即登上了返回美国的飞机，经过一个学期的不懈努力，他拿到了学校的奖学金，更让人感到意外的是，他的文章还被几家国际知名期刊所刊登。

望子成龙其实并没有想象中的那么难。但是家长一定要放手给孩子一些独立处理事情的机会，长此以往他们才能更加适应社会！看看那些凡事都被家长做决定的孩子吧，走上社会后，他们往往表现出自理能力差、交际能力差的一面，这样的结果正是由于家长的无微不至所致。任何一位家长都不希望自己的孩子在未来的道路上遭遇诸多不顺，所以请放手给孩子一些锻炼的机会吧。

有一句话叫作"穷人的孩子早当家"，就当今社会发展形势而言，这句话可能显得并不合适，但其表明了出身贫寒的孩子家境的不顺，就是经过这些不顺的磨炼，他们会更加珍惜在社会上发展的机会。更有相关学者提出了"再富也要穷孩子"这样的口号，过度溺爱孩子就是等于在伤害孩子。所以，请各位家长明白这样一个道理，还孩子更多的自由，是为了让他们经历磨砺，为将来打下更好的基础。

放手并不意味着要放纵孩子，家长一定要将这两者区分开来，放手是家长在暗中的关注和及时地引导，放手不等于不管孩子，而是为了让孩子接受锻炼后寻找日后的方向。

给孩子自己选择做主的权利

身为家长的你是否曾经思考过:"当孩子的行动被父母行动替代时,这是否是一种心理上的帮助,久而久之孩子就从心理上形成了一种依赖感。"家长没有给予孩子一些自己做选择的权利,无形中就阻碍了孩子的成长。

当今社会大多数家庭都是独生子女家庭,家庭教育问题也变得尤为严峻,据调查显示:现如今,家长对孩子越来越严厉,对孩子的要求也越来越多,这无形之中给孩子造成了难以想象的压力,这种负担是孩子承受不起的。

因此,在教育孩子的问题上,家长们一定要深思熟虑,必须用最为科学有效的方法对孩子进行教育。很多家长发现,越是强势的家长,在这样的家庭环境下成长起来的孩子越是懦弱,这一现象在名人孩子身上尤为突显。遗传因素虽然是一方面原因,但还有一点需要大家注意,那就是孩子受到家长过于严苛的教育,孩子因此无法获得足够的信任和自由成长的空间,最后导致了孩子对家长身心的双重依赖,久而久之孩子也就越来越胆小,遇事首先想到寻求家长的帮忙,责任意识根本不存在他们的脑海中。

　　家庭教育看似简单，但要想把家庭教育做好，却是一门很深的学问。家长应该明确自己的教育观，父母的主要任务是给孩子提供学习条件，在一些事情上可以给孩子参考性的建议，多多理解和信任孩子，但最终的选择权应该还给孩子。家长应该引导孩子树立正确的学习观，养成良好的学习习惯。至于生活中其他的事情，应更多地让孩子自己去切身感受。可适度给予孩子一些压力，但不要给予孩子过多的束缚和压力，小的压力可以转换成动力，但家长往往望子成龙心切，给孩子造成了很大的压力，孩子不堪重负，结果适得其反。所以，造成了很多孩子厌学、逃学的结果。家长常常将责任归咎于孩子，却没有认真想过，这样的结果是父母一手造成的！

　　社会竞争日益激烈，但家长不能常常以这为借口，毕竟，孩子幼小的心灵是承担不起那么多重负的！成长中的孩子最需要的是家长的信任，很少家长能够做到给予孩子足够的信任。大多数家长常常不信任自己的孩子，他们往往表现出口头相信，但内心却总觉得孩子做不到，从而造成了越是担心什么就越发生什么的悲剧。如果任由自己的大脑去想那么多不好的事情，家长自己也会感到身心俱疲。然而，去思考一些积极的东西需要付出很多的努力，这样的努力也能帮助孩子变得自律，所以家长一定要给予孩子信任。这就好比手中的沙子，越是想握紧，沙子从指缝流失的速度越快，所以各位家长请不要将孩子抓得那么牢。

　　成年人和青少年的思维怎么会一样呢？因此当遇到同样的事情时，往往因为各自思维的角度不同而引发很多矛盾，孩子有自己的逻辑思维和做事的方式，所以，请父母给孩子多一些理解吧。但大多数家长总是喜欢用自己的思维方法给孩子下结论，他们不会站在孩子的角度思考问题，常常对自己的孩子进行呵斥，正是因为他们没有意识到未成年人和成年人思维上的区别所导致的结果。一般情况下，如果孩子敢向家长表达自己的想法，这说明亲子关系是开放的，这样的关系可以让彼此敞开心扉地自由交谈；但如果家长的出发点总是为了维护自己的权威，对孩子没有一丝笑容，强迫孩子按照自己的意愿行事，这样做不仅伤害到了孩子的自尊心，造成亲子关系的疏远，更会让孩子不愿意和家长交流，隐藏自己的想法。那么当家长发现孩子违背了自己的意愿时，家长应当怎样做呢？家长应当给孩子更多的自由和信任。

总之，孩子能够从家长那里得到足够的信任和支持，一旦孩子产生什么想法，他们会及时和家长汇报沟通。在这样的环境下成长起来的孩子也必定是一个乐观自信的人。

面对孩子的成长，家长应当放开手脚让孩子去做他们认为能做的事情，孩子经过实践的检验才会得到成长和进步，经历的挑战越多，孩子才能有勇气去面对社会上更加错综复杂的挑战。孩子的独立意识，家长一定要特意培养，独立的孩子才能成功走向社会，与此同时，家长也要注意培养孩子的责任心，没有责任心的孩子是长不大的。孩子脱离依赖父母的过程，也正是强大自己的过程。孩子的依赖感越弱，责任心也就越强，责任心越重的孩子能更快地独立。家长培养孩子独立上学的习惯，能让孩子接触到外界更多的人和事，慢慢地他们也就学会了独自面对风险和挫折；家长不要把孩子当成一个花瓶去对待，凡事都替孩子去做，到最后真把孩子养成了一个一碰就碎的花瓶。不管孩子身在何处，家长都应该给孩子一些选择权，让他们选择自己想做的事情。例如，和周围的人发生争执时怎么处理，遇到其他问题自己应该做怎样的决策，从小就培养孩子独立思考和解决问题的能力，这样更有利于孩子将来的发展。

一个衣来伸手、饭来张口的孩子，他吃饭的前提是家长亲自把饭端到他面前他才肯吃。一天，妈妈因为中午有事需要外出，所以提前把午饭做好，在饭菜上面盖了一个碗，妈妈觉得孩子看到盖饭菜的碗可能就知道了。可是当妈妈下午回来的时候，发现那饭菜纹丝未动，还和走之前一样放在那里。不一会儿，放学回家的孩子一进门就哇哇大哭，他抱怨妈妈不给自己做中午饭，弄得妈妈当时手足无措。这就是父母宠出来的孩子，这样的孩子离开父母就什么也做不成了。

现如今的家长对待孩子时，不仅仅在学习上给他们施加压力，甚至连生活习惯也要符合父母的要求。举例来说，要求孩子遵守作息时间，保持室内的整洁，这些要求本来无可厚非，但是因为父母的态度过于严苛，不论是谁都会被压得喘不过来气。

不论是谁都需要一个自由的空间，孩子也不例外。人类最原始的渴望就是向往自由，还孩子一片自由的空间！如果家长既希望孩子保持积极、健康的心态，又要剥夺他们在生活中自己做主、做事的权利，那么谈何让孩子健康成长呢？一旦造成日后孩子的懒惰和依赖，家长又有什么理由去

指责他呢，想想这是谁一手造成的？

尊重别人，别人才会尊重你，家长尊重孩子，等于无形中教会了孩子尊重家长，当孩子的自尊需求得到满足后，不用家长多说，孩子也会尽一切努力去做好事情，所以，家长大可不必在孩子身上花太多的精力和心思，因为信任孩子就是关爱孩子的最好例证，孩子因为得到家长的信任，而对家长倍加尊重。这样孩子才能得到健康的成长！

父母的意愿并非是孩子的意愿

在家长教育孩子的问题上，家长总是喜欢将自己的意愿强加给孩子，用所谓成熟的思想干涉孩子的选择，对孩子的兴趣爱好视若无睹，这样的做法对孩子的心理打击是非常大的。

佩佩因为喜欢唱歌，并且具备一定的音乐天赋，所以被老师选进了校合唱团。但妈妈出于中考加分的目的，却给已经读初三的她报了美术班。但佩佩没有理会这些，她总是利用课余时间练习唱歌，看的电视节目也常常以那些歌舞类晚会为主。

一天，正在练习唱歌的佩佩被妈妈大声呵斥道："烦死了，唱得这么难听还唱，还不赶紧画画去！"

佩佩顿觉心寒,这无疑打击到了她的自尊心。于是她无可奈何地拿起了画笔,顿时感到手臂重如千斤,此时此刻她觉得画画对她来说就是一种惩罚。妈妈的举动让佩佩甚为不解,她不清楚妈妈为什么总是强迫她做不喜欢的事情。慢慢地,佩佩被这种消极的情绪影响着,学习成绩越来越糟。

很多父母总是将自己的喜好强加给孩子,孩子的兴趣对他们来说就像空气一样,他们不管孩子愿意不愿意,一厢情愿地替孩子选择特长班,而且不允许孩子拒绝。失去自由和选择权利的孩子怎么可能有快乐的心态呢?

家长自认为自己的出发点是好的,但其实家长的这种想法是错误的。如果孩子有自己喜欢的兴趣爱好,父母不能利用学习的幌子打击孩子的兴趣爱好。

如果家长忽视孩子的兴趣爱好,将自己的意愿强加给孩子,那么孩子的天赋就会无从发挥,结果适得其反,弄得亲子关系日渐疏远。正所谓,"强扭的瓜不甜",强迫孩子放弃自己的兴趣爱好,这个道理同样也适用。

抛开遗传因素不说,兴趣因素对孩子能否有所成就有着重要的影响。说得具体一些就是,兴趣是最好的老师,孩子会因为自己的兴趣爱好积极投入到这件事情中,他们愿意投资更多的时间和精力准备做好这件事情。因为兴趣带有主观倾向,主观倾向更能激发一个人的好学精神,从而促使人愿意花更多的时间和精力去做一件事,从而达到成功的目的。

举例来说，如果孩子爱好下棋，无论学习时间多么紧凑，他们还是会挤出一些时间与人博弈一番；喜欢球类运动项目的孩子总是会找时间去运动。切莫忽视这些挤出来的时间，经过日积月累后，它们所爆发出来的能量是惊人的。

姚明小时候就酷爱打篮球。姚明的父母鼓励姚明做自己喜欢的事情，但没有刻意说让他把篮球当成自己的终身事业。姚明父母最初的心愿还是希望姚明像普通人一样，按部就班地读书、考大学、找工作。可姚明最终还是选择了篮球作为自己的职业，长大后的姚明发现自己愈发离不开篮球，篮球已经成为自己生命当中不可或缺的一部分，并以球技俱佳的球员为榜样来奋斗。后来，迷上了火箭队的姚明打球动力更足了，最终，他成了一名职业球员。

通过上述案例我们不难发现，兴趣对一个人性格的形成和成长有着多么重要的影响。这个时代是一个崇尚个性的时代，某一领域的专业人才会受到大家更多的关注与青睐，培养孩子最好的方法就是将孩子的兴趣爱好最大化。尤为关键的一点，孩子的特殊能力往往是由自己的兴趣爱好而被激发出来的，兴趣爱好让孩子把潜力发挥到了最大化。如果能正确引导孩子的兴趣爱好，孩子会在快乐的氛围中学习，将来才可能在该领域有一番作为。

父母对孩子倾注了自己全部的心血，凡事都为孩子着想，殊不知，太多的爱对孩子来说有时就是一种无形的负担，不堪重负的孩子会因此步履蹒跚。如果父母的爱不能被孩子理解，他们就会刻意躲避父母，甚至有时候向父母发脾气。其实这种爱无形中成了孩子成长的阻碍，这种爱会在不知不觉中将孩子的个性扼杀。

因此，父母在这一问题上，要讲究"爱"的方法。首先，关爱不是无节制的，对孩子来说最重要的是得到父母的尊重和理解，因此，父母应该放开手脚多给孩子一些独立自主的空间，用正确的关爱来引导孩子。

著名小品表演艺术家潘长江的家庭氛围就十分民主、和谐。

潘长江的女儿名叫潘阳。潘阳说："父母不会因为我年纪小就不听我的意见。凡是关于我的事情，他们都会事先听听我的想法，哪怕我的想法是多么的幼稚或不成熟。"

从小就是学校艺术委员的潘阳，常常听到周围的亲戚朋友对自己的父亲这样说："老潘你应该带带潘阳，靠你的知名度，将来孩子一定能火。"潘长江曾经有一段时间也产生过这样的念头。

有一天，潘长江认为帮助潘阳的时机到了，刚刚回到家中的他立刻对潘阳说："姑娘，向你报告一个好事！央视晚会请咱爷俩去唱歌，你看行不行。"

潘阳思考了一会儿，回答说："爸爸，经过前思后想，我还是不去了。"

潘长江随即问道："唱歌不是你的爱好吗，能告诉老爹不去的原因吗？"

"虽然唱歌是我的兴趣所在，但以我现在的唱歌水平是不足以支撑我上晚会的，并且我其他的一些综合素质也达不到上晚会的标准。

> 听懂孩子的话，
> 读懂孩子的心

老爸，我认为现在时机还不是很成熟，况且我不想戴上一顶'潘长江女儿不会唱歌'的帽子。"

潘长江为女儿的这番言论感到吃惊，他为女儿能有这番主见而倍感欣慰，女儿长大了。于是潘长江尊重了女儿的决定，将这次演出的机会谢绝了。

后来，众好友都力劝潘长江："潘阳这么好的条件，你不带带真可惜了。你还得给她做做思想工作，拿出老爸的权威来！"

潘长江笑着对好朋友们说："孩子有自己的想法，我们应该尊重，而不是横加干预。这就像修剪出来的花草虽然好看，但毫无生气可言。只有还给孩子成长的自由，他们才会长成参天大树！"

生活中，父母可以借和孩子聊天的机会，给予他们耐心地倾听和多一分的理解，多听听孩子自己的意见，让孩子自己做决定，这样，孩子才会把心灵之门向父母敞开，对父母诉说自己的内心世界。

其次，父母不要将自己的决定强加给孩子，让孩子自己做决定。父母可以利用自己的经验引导孩子，但孩子的意见一定要尊重。在孩子具备选择能力时，就要让他们自己做出选择。父母要尽可能创造多一点条件和机会给孩子，让孩子在自己的兴趣中成长，让孩子用自己的兴趣爱好成就自己的未来，因为往往是兴趣爱好将孩子的潜能开发到最大化，最终让孩子在该领域有一番作为。

佳佳这孩子颇具数学天赋，高考结束后，她被北京大学录取。但在被北大录取前,她有一段鲜为人知的经历。

因为优异的数学成绩,佳佳很小的时候就被奥林匹克学校录取了。进入学校后,由于贪玩和看武侠小说的缘故,老师常常批评佳佳。因为学习环境过于压抑,佳佳便萌生了转学的念头。

毫无疑问,转学对这个年龄段的孩子来说可是一件大事,但是妈妈并没有因此干涉女儿的决定,尽管奥林匹克学校是一所人尽皆知的好学校。妈妈将选择权交给了佳佳,并对佳佳说:"既然你已经做了决定,就要为你的决定负责到底,你想好了就行。"

转学后的佳佳更加痴迷于武侠小说,学习成绩一再退步。妈妈便找佳佳谈心,想问问佳佳对将来的规划。

佳佳坚定地对妈妈说:"北大附中是我将来的目标。"

妈妈说:"嗯,这是一个不错的志向,但是,要想完成你的目标,数学成绩是很重要的,以你现在的数学成绩,你只有重返奥林匹克学校才有可能完成你的目标。"

佳佳想了想,说:"好吧,那我再考奥林匹克学校!"

经过努力佳佳又考进了奥林匹克学校,后来又顺利被北大附中录取。妈妈在佳佳做选择的过程中没有干涉过她,只是引导佳佳对自己做出正确的评估,从而使佳佳做出了最佳选择。

孩子必须在步入社会之前具有独立自主的能力,所以,从孩子小的时候开始,各位家长就要注意培养孩子独立自主的精神。将一些事情的决定权还给孩子,让孩子心甘情愿地为自己的选择而去努力。

听懂孩子的话，
读懂孩子的心

除上述之外，尤为关键的一点就是对于孩子不感兴趣的事情，家长千万不要强迫他们去做。

古希腊哲学家苏格拉底有句名言："认识你自己！"父母是孩子的第一任老师，所以家长有责任帮助孩子认识自己，让孩子清楚自己的喜恶所在，而不是一味强迫孩子顺从自己的意愿。

聪明的家长应该懂得让孩子去做自己感兴趣的事情，引导孩子正确认识自己的兴趣爱好，并帮助孩子提高自己的兴趣水平。这样，才不仅不会使孩子的学业受到影响，而且还能起到促进学习兴趣的积极作用。

父母强迫孩子做不喜欢的事的后果，只能让孩子对父母倍加反感，结果适得其反，孩子变得越来越不听话。

第八章
读懂孩子的内心，帮孩子消除内心的阴影

欲速则不达，让孩子意识到急躁的危害

小承最近很苦恼，因为他没有朋友，与周围同学的关系也不融洽。小承知道自己的缺点，就是一遇到事情就容易急躁，在与别人交流的过程中，略微不合自己的心意就表现得不耐烦。在学习、生活中，很多同学、同伴都不喜欢和他相处。小承感到很孤独。

小承从小就属于急性子那一类的，做事任性，他想要什么恨不得马上得到，如果不能如愿就选择哭闹。在小学时，他学习比较好，有些同学向他请教问题。一开始他很乐意给别人讲解，然而当他讲完一遍同学还不明白时，他就没有耐心了，就会烦躁地说："怎么还不懂呢？不就是这样的吗？"后来，同学都不向他请教问题了。在同其他同学讨论问题的时候，只要别人的思维稍微慢一拍，他就说："不说了，急死我了，你们看着办吧！"

在日常生活中，小承也是如此，做事也常常是丢三落四，显得异常慌乱。上学或放学的路上，他也总是行色匆匆，有好多次都忘记锁车。时间久了，大家都知道了他的急脾气，慢慢地离开了他。虽然他有些时候也能够表现出热心待人的一面，但大家对他还是避而远之。

听懂孩子的话，读懂孩子的心

急躁是孩子常出现的情绪反应之一。一般情况下，急躁性格的孩子会有以下表现：做什么事情都想急于求成，又没什么准备计划，当遇到困难时格外烦躁；在等待未知的消息时，总会显得坐立不安；和他人发生矛盾时，特别容易冲动；在学业上的表现是好高骛远，急功近利，但又不想付出努力，经过一段时间的努力后看成绩没有起色，就放弃了。

小化的脾气特别急。有一次，妈妈让他去买酱油，话还没听完，他就嚷着"知道了，知道了"，跑了出去。可他走了一半才想起来自己忘带钱了，于是只好回家。回家拿了钱出来，在半路上又想不起妈妈到底让他买哪个牌子的酱油，只好又返回家去问妈妈。小化的急躁不仅表现在生活方面，在学习上也同样如此，平日不肯用功，每逢考试前两天就临阵磨枪，但这样总达不到预期的效果。爸妈都替他着急，这孩子什么时候能变得从容一点儿？

人们产生急躁的情绪，与对问题的认识有关。当人们意识到问题的严重性时，急躁心理就应时而生了。人之所以表现出心神不安和情绪紊乱的状态，正是由急躁所致。急躁的人容易灰心。如果急躁情绪支配着一个人做事的态度，那么这个人要想取得成功是很困难的，久而久之，自信心会因此消耗殆尽。

一般而言，孩子有急躁情绪，既有自身的原因，也有受环境影响的原因。

有的孩子急躁，是本身体质类型决定的。胆汁质的人容易急躁，那些充满必胜的信念和进取心的人往往是胆汁质类型的,这种人试图超越所有人,学习或工作比较勤奋,自觉性强,总是觉得时间非常紧迫,从而表现得急躁。胆汁质的人往往智力较高,能力较强。

孩子缺乏克服困难与挫折的能力时也会表现出急躁的情绪。有些孩子在做一件事的态度上常常产生极大的兴趣和热情,可是,当遇到困难或挫折,例如,由于知识的欠缺或是其他原因,学习不得要领而导致失败,他们的兴趣也会随之减弱。不久,其他事物又引起了他们的兴趣,结果循环往复。如此反复,由于缺乏应对困难和挫折的能力,孩子遇事就会烦躁不安。

另外,孩子因为受到父母的过分溺爱,也容易产生急躁心理。有的父母凡事亲力亲为,不让孩子插手,久而久之孩子就养成了依赖父母的习惯,一旦脱离了父母的帮助他们将无所适从。如果生活和学业上遇到不顺心的事情,孩子就更容易产生急躁的情绪。

嘈杂的生活和学习环境也是导致孩子产生急躁心理的原因之一。如果孩子长期处于嘈杂、杂乱、吵闹的环境下生活和学习,孩子怎么能静下心来学习呢?长此以往,产生焦躁的情绪也在所难免。

孩子性子急,往往会给他们的学习、生活带来不利的影响。父母要正确地引导孩子,帮孩子消除急躁情绪。

要让孩子认识到急躁情绪的危害。父母应告诉孩子,不管做什么事都要注意过程,切忌急功近利,"欲速则不达",并结合孩子以往因急躁而失败的例子进行讲解,使孩子认识到急躁的危害性,懂得在情绪没有稳定时不采取行动。

要让孩子学会遇事冷静的心态,就要做事之前认真思考,做好准备和计划,多给自己提问题,这样会使头脑冷静下来。

父母还要培养孩子良好的行为习惯,增强孩子的自制力。在日常生活、学习和工作中,加强对孩子良好行为习惯的培养,有规律的生活秩序、有条理的处事习惯,有利于帮孩子克服急躁的毛病。

按计划行事,会让孩子做事情有明确的目的、不盲目,有利于孩子克服急躁情绪。父母应该要求孩子在做事情前制订好计划,明确行为目的,按计划内容做事。

父母应该教孩子学会自我暗示,教育孩子当急躁情绪困扰自己时,就默默地对自己说:"冷静解决问题,急躁无法解决问题。"与此同时,并进行深呼吸。

修身养性可以调节一个人的情绪。对孩子而言,调节情绪最好的方法就是从提升自己修养开始。这种方法能有效改善急躁的情绪。比如,父母通过指导孩子绘画、书法培养孩子的耐心,这些活动可使孩子更有耐心和韧劲,加强自身思想修养,久而久之就会养成不急躁的习惯。

对孩子的感觉和情绪,父母都应持理解的态度。孩子的任何感觉和情绪都应该被允许。如果孩子做错了事,父母就对其一顿打骂,这样只会让孩子产生急躁的情绪,甚至还会产生怀恨心理。

享有盛名的美国教育家斯特娜夫人某天被女儿维尼夫雷特问了这样一个问题:"我能去同学家里玩吗?"斯特娜夫人回答道:"12点半以前回来就可以。"可女儿回到家的时候比约定时间晚了20多分钟。夫人并没有对孩子说什么,只是用手指指了一下时钟示意。女儿马上就反应过来了，并向妈妈致歉："对不起，是我不好，回来晚了。"吃完饭，女儿赶紧去换衣服准备去看电影。这时，斯特娜夫人又指了指钟说道："今天看电影的时间恐怕不够了。"女儿因此流下了难过的泪水。接着，斯特娜夫人又补充了一句意味深长的话："这真遗憾！"

毫无疑问，斯特娜夫人教育孩子的手段是高明的，寥寥数语就达到了惩罚和教育孩子的目的。她明白孩子已经知道自己错了，而且感到歉疚，并为不能够去看戏而伤心。如果这时斯特娜夫人一味地苛责孩子，那么孩子很容易变得急躁，甚至会埋怨母亲。

做人要谦虚，莫让妒火在孩子心中燃烧

试问这个世界上最聪明的动物是什么，毫无疑问就是人类，但是不了解对手的人实在太多。这些人中大多都是自命不凡、志大才疏；或者是极度缺乏自信；或者用自己的短处和别人的长处相比，这样怎么会成功呢。

不少孩子不能知己知彼，单凭一腔争胜的热情，盲目自大，从不尊重对手客观强大这一事实，而一旦失败，更无法面对事实，最后难免产生妒忌心理，甚至是攻击对手的行为。

听懂孩子的话，读懂孩子的心

对于从小生活在优越环境下的孩子来说，他们无疑是家长的掌上明珠，很多孩子都喜欢以自我为中心，从不考虑他人感受，更不能接受别人强于自己的事实。在教育孩子的过程中，父母一定要正确引导孩子，使其走出这种不健康的心理。人生在世，每个人都对成功有着无限的渴望，每个人都希望别人因为自己的优秀而感到羡慕，但每个人都各有长短，谁就能一定比别人绝对强呢？只有扬长避短、知己知彼，才能够战胜强大的对手。

孩子的嫉妒心变相来说也是上进心，是他的欲望无法实现，无法接受对手比他强的现实而已。父母在培养孩子的竞争意识时，也应该让他们明白尊重对手的道理，学习对手的长处，弥补自身的不足。嫉妒心较强的孩子，急切渴望胜利，但内心又极度缺乏自信心，最后甚至做出一些诋毁对手的行为。

云溪的好朋友小文作文写得特别好，几乎篇篇都是大家学习的范文。云溪因此很不高兴，觉得自己很没有面子，就经常当面叫小文"大作家"、"小鲁迅"，弄得小文很尴尬。云溪还在背后对大家说："她的作文我好像在哪儿看到过似的。她爸爸花钱请家教，是家教老师辅导她写的。"由于云溪的话毫无根据，同学们都很反感她。云溪和同学们的关系也由此变得很紧张。

云溪的妈妈得知这一切后，就很坦率地告诉云溪，嫉妒别人是很痛苦的，心里憎恨别人，又无法说出憎恨的原因，靠讽刺、背后说坏话来发泄，既不能让自己变得强大，也不能阻止对手的进步，只不过是掩耳盗铃自欺欺人的游戏罢了。云溪很快认识到了自身的错误，就按照妈妈所说的，努力去欣赏别人的优点，学习别人的长处，将嫉妒转化为进取的动力。慢慢地，云溪学会了尊重和赞扬对手，并开始注意对手取得成绩的方法和诀窍。不久以后，云溪的作文也被老师当作范文给大家学习了。

云溪深有感触地说，我们的进取心不应建立在嫉妒别人的基础上，嫉妒不是解决问题的办法，尊重对手，学习对手的长处才能使自己获得长足的进步。

嫉妒是一种很复杂的心情，其中包括了不服气、不舒服、不开心，自惭形秽与怨恨交织，埋在心里会折磨自身，表现出来会贻害他人。因此，父母必须帮助孩子早日掐断心中嫉妒的火苗。

克服自卑，培养孩子的自信心

因为自卑，有的孩子觉得自己是一只丑小鸭；因为自卑，有的孩子总是觉得自己做不好很多事情，于是不敢接受挑战，从而胆小怕事，畏首畏尾；因为自卑，有的孩子觉得自己很笨，老师不喜欢自己，于是不敢向老师请教问题；因为自卑，有的孩子认为同学们瞧不起自己，于是拒绝和大家接触，人际关系一塌糊涂……总之，如果孩子自卑，他就不会感受到生活中的灿烂阳光，不会轻松地享受快乐和幸福，更难以获得成功。

自信是孩子成长路上的第一路标，是孩子做好一切事情的基础。法国教育家卢梭曾经说过："自信心对于事业简直是一种奇迹，有了它，你的才干便可以取之不尽，用之不竭；一个没有自信的人，无论他有多大的才能，也不会抓住一个机会。"所以，让孩子充满自信地生活，孩子才能成为有用的人。

李瑞是个又高又胖的孩子，爸爸听李瑞的老师说他200米都跑不完，这很可能影响到中考时的体育成绩。而且上体育课的时候李瑞不喜欢和同学们一块活动，做运动时总是往后溜，或者干脆不做。

一天放学回家，爸爸对李瑞说："儿子，你为什么上体育课时不积极活动呢？"李瑞沉默不语，在爸爸的开导下，他才说："其实我很喜欢体育运动，但是我太胖了，运动时样子很难看，我怕别人会笑话我。"

针对李瑞的想法，爸爸引导他说："运动时的样子好看与否不重要，重要的是参与其中，并乐在其中。我相信你一定能够克服这种自卑心理，从体育中体会到乐趣的。"

爸爸特意和李瑞在周末的时候一起去跑步，并针对儿子运动过程中的闪光点给予肯定，同时鼓励儿子跑步时要有耐力，不管自己和别的同学相差多少，一定要坚持到最后一刻。慢慢地，李瑞找到了自信的感觉。一个月之后，老师告诉李瑞的爸爸，说李瑞不再像以前那样自卑了，现在能轻松跑完200米。

只有自信的孩子，才能战胜困难，走向成功。因此，父母需要不断培养孩子的自信心。这样才能更好地调动孩子的各种潜能去克服困难，这对其以后的人生道路有着非常深远的意义。

有人曾经问过居里夫人："您认为成才的窍门在哪里？"居里夫人很肯定地回答说："恒心和自信力，尤其是自信力。"居里夫人在言语中所体现出的就是我们经常说的自信心。自信心是人人都拥有的宝库，而孩子心中的这块宝地，更是要注重发掘和培养。

2000年，北京四中才华横溢的高才生王海翔入选了清华大学国际MBA。提及儿子的成长之路，妈妈感慨地说："孩子能否健康成长，是否拥有自信心是最为关键的。"

清华大学MBA分普通班和国际班，英语水平高的学生被分到国际班，一般这样的学生在英语听说读写方面的成绩均在80分以上。这对王海翔来说很有压力，因为他没有在外语环境中学习的经历，自己的口语也和别的同学相差甚远。

细心的妈妈已经察觉到王海翔的顾虑，劝他说："实在不行，咱们就去普通班。"她对儿子说："你都被清华大学MBA专业录取了，关键是你适合哪个位置，不管在哪个班你都是清华大学的研究生，不必太为难自己。"

王海翔却不赞同妈妈的建议，他说："我对自己有信心，只要自己足够努力，一定会赶上其他同学的。"

从那以后，王海翔非常努力地学习。第一学期结束后，他就取

听懂孩子的话，
读懂孩子的心

得了优秀的成绩，并在国际班中取得了奖学金。

刚刚进入清华时，学校针对新生开展了一系列的拓展训练：在高达9米的木板上，从这块木板跨到另一块木板上。最开始，王海翔感到很害怕，他去问教练："这大概有几米远？"教练说大概是一米四到一米五吧！王海翔就跑到旁边，在平地上试了一下，发现自己能跨出一米六七。在拓展训练中，王海翔非常自信，他把9米多高的木板当作平地，即使不小心掉下来也摔不着，因为有防护设施。结果他在训练中表现得非常好。

王海翔的成功来自他的自信，也得益于妈妈对他的教育。如果希望孩子具备自信的心理素质，父母首先要相信孩子。生活中，有些父母整天逼孩子学习，对孩子推着、压着、吵着、骂着，这些恰恰是不相信孩子的表现。这种冷酷无情的破坏力，就像一把坚硬的凿子，将孩子的信心一点一点地击得粉碎。

一位教育家曾说过："赏识带来愉快，愉快导致兴趣，兴趣带来干劲儿，干劲儿带来成就，成就带来自信，自信带来更大的成就。"孩子在年幼的时候，缺乏自我评价的能力，常常需要从父母和老师那里得到肯定和赏识，以此来衡量自己、认识自己，从而建立起自己的自信心。

自信是人生最宝贵的财富。成功者一般携带三种法宝：坚韧的性格、善于积累的品质、自信心。而这三种品质中，自信是最重要的。教育孩子，需要让孩子学会充满自信地生活，这比给孩子一大堆物质财富重要得多。没有自信，就没有成功，一分自信，一分成功，十分自信，十分成功。

让孩子与抑郁隔离，快乐地成长

抑郁是一种伤感的情绪状态。通俗地说，人只有健康的和不健康的这两种情绪。前者具有理性、热情、大方等象征；后者则是狭隘、暴怒、恐惧等。

青青自从升入初三以后就没有笑过。她每天都在想：为什么有做不完的作业？为什么每天必须起早贪黑地练习自己并不喜欢的钢琴？为什么所有的事情都要按照父母的意志去完成？

青青最大的愿望就是能够抛开钢琴谱，和伙伴们在一起玩橡皮筋，和同伴肆无忌惮地大笑，随意地坐在地上。但是她知道自己和其他孩子不一样，因为妈妈希望她能成为一个优秀的人，过上跟普通人不一样的生活。

青青越来越渴望像伙伴那样在外面自由自在地玩耍，而实际上自己只能在屋子里面一遍又一遍地弹着钢琴曲。青青的情绪越来越低落，一整天都一言不发，在学校里也不和同学们在一起聊天，因为除了学习和弹钢琴，她不懂得如何与别人相处。

最近一段时间，青青回到家里，都会把自己关在房间里面蒙着被子哭泣。青青也不理解为何眼泪总是像断了线的珠子，不受自己的控制。一天，青青没有去上学，也拒绝练习弹琴，结果被妈妈狠狠地批评了一顿。青青低着头，没有回答妈妈的责问，也没有哭，就这样面无表情地进了屋。她想，如果自己的生命只剩下几天的时间了，妈妈还会这样对待自己吗？

抑郁是一种不健康的情绪，孩子抑郁的主要表现有：易激怒、敏感、哭闹、好发脾气、不安、厌倦、孤独，常伴有自责、自罪感，认为自己没有价值，对身边的事物提不起兴趣，不管做什么都没有愉快感。

除上述情绪障碍外，还可能导致孩子出现极端行为障碍，举例来说，注意力不集中、攻击他人、逃学等行为。同时，抑郁还能制造出多种体征障碍，例如失眠、心悸、头疼等症状。

造成孩子产生抑郁的原因有很多。例如遇到不幸的事，就会有心情不畅等表现，但还能马上缓过神来。但是那些遗传基因不良、幼年时遭受苦难的孩子，抑郁的时间可能要持续得更久。

孩子遇到某些不幸事件时，会遭受精神创伤，从而产生抑郁的情绪。有的孩子被某事伤害到，比如，因为各种自然灾害造成亲人去世。

心理专家表示，不要以为孩子能解决掉所有遇到的问题产生的困惑。如果不能及时宣泄不良情绪，在心中郁积得太久，就会导致孩子用暴力或意外的方式去解决问题。

郝静是一个事业有成的成功女性，然而，10岁的女儿桂桂却成了她的心病。当初，郝静为了打拼自己的事业，将刚出生3个月的女儿交给自己的老人照顾。夫妻俩一心扑在工作上，有了自己的基业，才把女儿接回身边。一家人团聚时，桂桂已经是一年级的小学生了。

没有照顾过小时候的女儿，郝静常为此感到歉疚，作为一种补偿，郝静对女儿几乎是有求必应。然而，即使这样，桂桂对郝静还是很冷淡，平日里几乎没有话跟妈妈说。

过了不久，照看桂桂长大的姥姥去世了。桂桂显得很伤心，在追悼会上，她像发了疯一样哭闹，回到家，她就躲进自己的房间，一整天不吃不喝。

为了让女儿开心起来，郝静专门为孩子买了新房子，把女儿转到全市最好的小学，可一切都无济于事。桂桂总是郁郁寡欢，经常把自己的房间弄得乱七八糟。最近，桂桂不愿去上学。妈妈向老师了解情况，老师说桂桂上课总是心不在焉，还和同学发生冲突，居然用裁纸刀差点儿把同桌扎伤。

郝静感到很震惊，回到家就对女儿大发雷霆。面对妈妈的叫喊，女儿仿佛没听见，眼神里那份与年龄极不相称的漠然让郝静不寒而栗。

苦恼不已的郝静带女儿去看心理门诊，从医生那里，郝静得知女儿的不正常行为属于"儿童抑郁症"。

孩子常会因为各种原因产生抑郁心理，例如家庭因素、心理因素、经历因素、环境因素和遗传因素等。引起孩子抑郁的原因不是单一的，当孩子的心理发育滞后于生理发育时，便会引起生理和心理上的不协调,所以,孩子产生各种心理问题就不足为奇了。

孩子抑郁的表现常常因人而异,有的是情绪异常或是行为问题。父母一定要留心孩子的心理发展走向,绝不能让抑郁阻碍了孩子心理的健康发展。同时,父母要采取正确的措施,帮孩子消除抑郁心理,让孩子顺利地成长。

首先,父母不管在什么状况下,都要在孩子面前表现出阳光的一面。孩子正在成长,他们的心智正在发育中,父母不能因为孩子抑郁就产生烦躁、厌弃的情绪。父母作为成年人,应该相对理性一些,正确地认识自己的责任,学会用开朗的心态去感染孩子,引导孩子健康成长。

其次,父母应该鼓励孩子积极地与人交往,鼓励和帮助孩子结交朋友,比如,邀请同学来参加聚会,把自己的玩具带给同学分享,让孩子在友情中获得快乐。作为父母,不要总是担心孩子在与同伴的交往中会吃亏、会受伤,而要培养孩子的合作意识,让孩子学会融入集体中。

同时,父母可以带孩子一起参加一些运动项目,这样不仅可以强健孩子的身体,更重要的是,让孩子经常和同龄人玩耍,有助于他们培养人际交往能力,从而让孩子变得更加积极主动,造就孩子合群的性格。

父母应该教给孩子获得快乐人生的方法。

获得快乐人生的方法就是有一个好心情,这比做对事情更重要。父母应该教孩子先处理好心情,而不是像通常所做的那样只顾批评教育,只有这样,才能让孩子体会到父母对自己的关怀。

暑假的一天下午，父子俩正边吃西瓜边聊天。儿子作文写得很棒，经常受到老师的表扬。这时，他忽然想到前几天写了篇幻想作文，便拿出来给爸爸看。爸爸看了一遍后，觉得不够理想，就直言不讳地指了出来——文章内容和标题不是很相符。之后，爸爸就看见儿子一脸不高兴的样子，将啃了一半的西瓜随手放在了茶几上。

爸爸当时很想给儿子讲一讲道理，比如，要经得起失败的考验呀，听到别人说不好时反而要更有斗志呀，等等，但转念一想，觉得这样做不妥。此时的儿子一肚子不高兴，肯定听不进任何大道理，爸爸觉得还是应当先处理好儿子的心情。

主意一定，爸爸就马上行动。爸爸与儿子一起做了三组成功体操："我是成功者"；"我是最棒的"；"我一定能做得到"。父子俩一边呼叫，一边手舞足蹈。然后又来了三组感觉问答句："感觉怎么样？""好！""感觉怎么样？""棒！""感觉怎么样？""美！"

这样折腾了一会儿，儿子的精神状态很快就调整过来了，情绪变得积极饱满。之后，父子俩进行了一次愉快的交谈。

如果孩子做事情不够完美，这时对一些问题从负面影响考虑过多就会导致孩子压力加大，从而产生强烈的负面情绪，甚至影响身心健康。这时候，父母应该用积极、乐观的情绪感染孩子，先让孩子调整好情绪，学会接纳自己。

听懂孩子的话，读懂孩子的心

轻生念头不可有，锤炼出一颗坚强的心

萱萱平时是个听话、懂礼貌的孩子，学习成绩非常好。刚上初中的时候，萱萱经常打电话告诉爸妈自己在班上的学习成绩不错，为此，父母都感到非常欣慰。在初二上学期期中考试前的一段时间，萱萱总是感冒生病，很多功课都落下了，然而，争强好胜的她还是对妈妈说，自己一定要考好。

萱萱由于考前准备不充分，考试时自然力不从心。在考数学的时候，萱萱一时想不起来一个很关键的数学公式，感到非常着急。她小心观察了一下，看见老师并没有注意自己，于是就带着侥幸的心理翻看了课本。可是，萱萱在考场作弊还是被监考老师发现了。

对此学校给予了萱萱警告处分，还在学校的广播里说了这件事。老师让萱萱写出书面检查，同学们也都对此议论纷纷。一向好强的萱萱深受刺激，感到没有颜面去面对任何人。于是，一天上午，上完三节课后，她对同学说自己身体不舒服，回到宿舍，喝下了预先准备好的农药。有个同学到宿舍拿东西，发现了面色苍白、满嘴药味的萱萱。所幸发现及时，萱萱被抢救了过来。

近年来，青少年自杀率越来越高，自杀的人数一直居高不下。我国每年约有20万名青少年以这种愚蠢的方式来结束自己的人生。自杀就是这样摧残着年轻人的生命。

据调查，我国有24.39%的孩子心中曾有"活着没意思，还不如死了"的念头一闪而过，有15.23%的人曾对自杀这件事认真地思考过，有5.85%的孩子有过书面的自杀计划，其中自杀未遂人群的比例达到了1.71%。青少年的自杀行为令父母痛不欲生，给社会带来的负面影响更是巨大的。

> 一位母亲说，一天，女儿从学校回来，泪流满面地说，她最要好的同学自杀身亡了。原来，女儿的同学因为学习成绩从从前的第五名直线下降到三十多位后，感觉在班里很没面子，就服毒自杀了。自从发生这件事后，女儿的成绩也直线下滑，甚至还常常说"活着没意思"这样的话。于是这位母亲整天提心吊胆，生怕女儿会自寻短见。

一个孩子如果产生了自杀的念头，肯定是压力太大以至于精神崩溃，此时，若孩子无法将心中的不良情绪宣泄出去，很可能导致他最后选择极端方式结束生命。青少年自杀既有自身的原因，也有外部环境的原因。

处于青春期的孩子社会阅历浅，对问题的分析认识能力弱，遇到困难容易陷入束手无策的境地。加上其自身性格上的弱点，他们在遇到突发的、较大的困难时毫无应对能力，无法控制绝望的情绪，第一个念头就是用自杀来逃避现实。

在现实生活中，严重的精神疾病会导致某些青少年自杀。医学人员表示，大约有72%的自杀者在自杀前有着非同寻常的举动，36%的自杀者是精神病患者。

另外，引起青少年自杀的原因也有可能是糟糕的人际关系所致。如果一个人的人际关系比较和谐，与周围的人能融洽地相处，他就比较容易找到倾诉的对象，内心的种种不快、压抑都会得到缓解或者释放，一般情形下是不会自寻短见的。

有的孩子得不到家庭的温暖，也会产生自杀的念头。父母经常吵架或是闹离婚，或是对别的孩子偏心，很容易让孩子的心里产生不平衡感，受挫后很容易产生轻生的念头。

某些意外的挫折和打击都可以使青少年脆弱的感情崩溃。例如，成绩下降、遭人恐吓、亲人意外离世等突然打击，都可能使孩子产生悲观厌世的心理。

据调查发现，自杀的原因也可能是由于环境改变，孩子无从适应所致。家庭、社会环境的变化都可能引起孩子轻生的念头。

应该对孩子进行一定的抗挫折心理教育，以防止孩子轻生念头的产生。因此父母应采取积极、正确的措施防范孩子的自杀行为，不让孩子产生自杀的念头。

当孩子心情不好或是遇到困难时，不要让孩子一个人独自品尝自己的悲伤，而应让孩子学会及时宣泄不良的情绪，告诉孩子，可以把不开心的事和烦恼都写在日记本上，但是千万不要将苦闷郁积在心里。

每一个孩子都该学会发泄不良情绪的方式，青少年心理承受能力弱，不懂得给自己讲道理，所以要求家长做好这方面的疏通和引导工作。对于孩子而言，最直接的方法就是将不良情绪发泄出来，这有利于孩子身心健康的发展。比如，让孩子采用跑步、呐喊等方式都能让自己把不良的情绪宣泄掉，只要这些方式是建立在不伤害别人的前提下就可以。明智的父母都会和孩子做好朋友。

一位母亲看见儿子在作文中写了"我妈妈是我的朋友"，她觉得特别自豪。

儿子小时候性格倔强，父母对他也采取过"棍棒式"教育，可是效果不大。母亲认为，长此以往会让孩子产生逆反心理，结果适得其反。于是父母便与儿子开始像朋友一样相处，把孩子看成一个独立的人。在家里，儿子的观点可自由表述，儿子的意见得到了父母的尊重，父母还对儿子的观点进行分析讨论，这是十分和谐的举动。

儿子取得好成绩时，父母加以鼓励；儿子考差了也不会受到责骂，父母帮他一起分析失误的原因。如今，儿子已经上初三了，繁重和紧张的学习任务没有影响到他与父母之间的交流，不管多忙，每天饭后，他都会与父母一起谈谈一天中的所见所闻和感受。父母

听懂孩子的话，读懂孩子的心

支持儿子畅所欲言，有什么事情不要闷在心里。

父母与孩子交朋友有很多好处，孩子会更加信任父母，会变得懂事、孝顺，同时还会不再依赖父母，尽可能做到独立。

父母不要忌讳和孩子谈自杀。据报道，越是在孩子面前讨论自杀的问题，就越可能引发青少年产生轻生的念头。但据最新研究结果显示则相反。研究还发现，如果在孩子面前分析自杀的原因，能舒缓孩子的抑郁情绪，达到警示的目的，从而防止自杀行为的发生。

负责此项研究的美国哥伦比亚大学教授玛德琳说："如果没有直接向孩子提出这种问题，有时便难以正确认识它。"

对于青少年自杀的治疗和预防的问题，心理学学者认为：父母要学习一些心理学，尽早确认有自杀倾向的孩子，帮助他们渡过心理难关。

为了解决这个社会问题，父母还要加强对孩子意志品质和耐挫能力的培养。

狮子和老鹰在动物界中凶猛强悍，没人否认它们是强者。母狮在幼狮生下后不久，便会"无情"地把幼狮往山涧下面推，而且是一次又一次地推，这样做是为了锻炼幼狮的生存本领，保持它们种族的强健。老鹰也是一样。当雏鹰羽翼尚未丰满时，老鹰便将它们推下山崖。雏鹰在下坠时必然竭尽全力张翼奋飞，否则就会被摔得粉身碎骨，搏击长空的雄鹰就是这样造就出来的。

在日常生活中，父母应该有意识地对孩子进行挫折教育和耐挫训练，要狠下心让孩子多吃些苦，让孩子联系自己的生活实际，通过解决问题、克服困难来增强意志力和应对能力。同时，父母应该鼓励孩子参加远足、军训等活动，从而提高孩子适应环境的能力和抗打击的能力。

第八章 读懂孩子的内心，帮孩子消除内心的阴影

第九章
成为孩子的榜样，与孩子一同成长

教育孩子的同时完善自己

对孩子来说，父母是他生命中最重要的人，对他的影响最为直接、深刻、长久。父母对孩子正确的教育是孩子一生的财富、宝藏，取之不尽用之不竭。有失偏颇、错误的教育，会给孩子的人生造成不可避免的危害，甚至导致孩子违法犯罪。无论是好还是坏，父母对孩子的影响都会与孩子一生相随，而父母的世界观、人生观、价值观以及生活态度，都会潜移默化地影响孩子的性格和未来。

对于父母来说，孩子就是一面镜子，他能够反射出父母的面孔、身材、凌乱的头发、迷茫的眼神、粗鲁的言行，总之一览无遗。想让镜子前的自己更加得体端庄，为孩子做更好的表率吗？那就好好调整一下你的衣着打扮，规范自己的言行举止。只有父母自己先改变了，"镜子"中的我们才会改变。自然，孩子也会按照镜中的形象来打扮自己。很多人说："天使的化身就是孩子。"其实，孩子更像是白纸。法国社会学家塔尔德说："社会就是模仿。"孩子具有强烈的模仿心理，家长的一言一行正是孩子模仿的对象。每一张白纸上能否勾勒出完美的图画，取决于它的创作素材，取决于父母的言传身教。

文天祥是南宋时期著名的民族英雄和爱国诗人。他自幼勤奋好学，饱读诗书，颇具文学修养，同时品德高尚，为人正直、清廉。当元兵大举进攻中原时，文天祥组织义军，坚决抵抗元军的进攻，无奈最后被俘杀害。狱中的文天祥，尽管已是俘虏，但是依然以大义凛然、不屈不挠的精神对抗敌人的迫害，为我们留下了《正气歌》、《过零丁洋》等可歌可泣的诗作。

这位伟大的爱国将领能够拥有如此的气魄和胆识，都归功于他的父亲——文仪，用性格豁达、注重道义、乐善好施来形容文仪一点也不为过。文仪饱读诗书，天文地理无不通晓，他对知识的热爱非常人所及，经常手不释卷，通宵达旦地读书。有时外出，碰到好书，即便身上没钱，他也会典当衣物把书买下。文仪不仅自己读书，还要求儿子和自己一起学习，但凡有些许的心得体会都与文天祥交流分享。此外，文仪还把一些警言佳句挂在墙上，时刻提醒文天祥严格遵守这些准则，注意修身立志。

文仪很喜欢竹子，家中有一片茂密的竹林，文家的书房就修建于此。文仪欣赏竹子遇严寒风雪依然苍劲挺拔的不屈精神，因而经常激励文天祥要有竹子般的品德——坚韧不屈。文仪还特别佩服那些古代的能人贤士，比如比干、屈原、岳飞等仁人志士。在他的影响下，这些英雄人物的伟大精神早已渗透到文天祥的血液中。

文天祥正是在父亲这样的熏陶下，最终成为一名爱国将领。他的千古绝句——"人生自古谁无死，留取丹心照汗青"，激励着一代又一代人前赴后继！

对于家庭教育来说，道德教育是重中之重，家庭德育是孩子形成完善人格的根本。父母的德行对于孩子个性、品质的发展有着深远影响。据相关研究表明，孩子在儿童时期智力开发的程度，所习得的行为习惯是他们今后生活的基础。如果一个人没有道德，即便他拥有强健的体格和聪明的头脑，他也只会作恶，百害而无一益。

良好的品德不是靠嘴说出来的，良好的品德是用实际行动来证明的。马卡连柯是苏联著名教育学家，他表示父母的一言一行对孩子的教育起着至关重要的作用。他认为，父母严格要求自己，才是最好的教育方法。如果我们都能够明白这个道理，并在生活中努力做到这一点，那么，教育孩子真的不难。

在李禾禾5岁那年，某天，李肇星的夫人——秦小梅接到了一位好友的哭诉电话，这个电话一打就是三个小时，甚至耽误了送禾禾上幼儿园的时间。秦妈妈没有丝毫反感，反而一直安慰这位朋友，最后挂电话时还说："别哭了，哭多了伤身子，擦擦眼泪，问题总可以解决的。"

一旁等待的小禾禾看在眼里，记在心里。许多天过去了，幼儿园召开家长座谈会，会上幼儿园老师对秦妈妈说："禾禾真是个懂事的孩子，每次有小朋友哭着闹着要回家时，他都会劝人家：'别哭，这不马上星期六了嘛，到了周六你就能回家了。'他边说还边给小朋友擦眼泪。不知道这么懂事的孩子从哪里学的这些！"

秦妈妈听后恍然大悟，原来自己安慰朋友的情景，儿子一直记得，还从中学会了关心别人、安慰别人。秦妈妈这才意识到对孩子影响最大的是父母的言行。别看孩子年龄小,可是他们接纳、吸收新事物的能力特别强,作为父母,千万不能低估言传身教的作用。父母的一言一行都是孩子的榜样,即使是下意识的行为,也都会对孩子产生直接影响。

因此,父母要注意培养孩子的良好品德,既要注意身先士卒、以身作则,又要言出必行,说到做到。把品德修养的教育渗透到日常生活中,使孩子在不知不觉间接受道德的熏陶,在潜移默化中形成完美的品格。

首先,无论何时何地,做任何事情,父母在要求孩子做之前,自己一定要先做到,只有自己做了表率,孩子才会跟着学,父母一定要以身作则,给孩子树立一个好榜样。如果孩子发现父母的行为跟父母说的正好相反,那不但起不到教育的效果,反而成了坏的模板。况且行为比语言更有力量。父母的行为举止从早到晚,一刻不停地呈现在孩子面前,孩子用眼睛看到的、感受到的比单纯用耳朵听到的更加具体、形象,苦口婆心的说教,不如付诸行动,后者的效果和影响要好得多。因此,在家庭教育中,父母不要像个指挥官一样要求孩子做这做那,或者一味地说理教诲,而是要身先士卒,做孩子学习的榜样。若父母的行为、品德均很高尚的话,孩子不仅会对父母产生崇敬之情,还会付诸行动来效仿父母。

上面我们说了,教育孩子,行为比语言更有效果,因此对于说过的话,父母一定要有相应的行为为其佐证,一定要做到言行一致,千万不能说一套做一套。如果父母给孩子讲得头头是道,而实际行动却背道而驰,那么孩子对父母的教导就难以信服。父母在孩子心目中的地位降低不说,教育也会无法进行。所以,父母为人诚实、讲信用,孩子才会在言行方面有所约束，说到做到。

做人的基本道德就包括诚实守信。无论在什么情况下，父母一定要信守对孩子的承诺，不然就不要轻易许诺。父母是孩子的第一个伙伴，父母看似不经意间的说话不算数，会造成孩子巨大的心理问题。孩子一旦在父母那里遭遇信任危机，会变得不再轻易相信人，与他人交往时疑心重重，难以建立和谐的人际关系和正常的社交网络。所以，父母一定要履行承诺，如果确实没法履行，一定要通过其他方式来补偿孩子。父母要给孩子传递这样一个信息：人一定要说到做到，做出的承诺一定要履行。

很多父母在教育子女的过程中会感到迷茫、困惑、恼怒、气愤，会忍不住训斥孩子，甚至动手打他，可是这样教训孩子，丝毫不起作用，甚至还会造成孩子与父母之间的矛盾。等到一切平静下来，父母应该扪心自问："我的孩子为什么会这样不听话？我究竟哪里做得不对？"

其实，任何父母都不是天生懂得如何教育孩子的，特别是在这个信息爆炸的时代，想成为优秀的父母更是难上加难。现在的孩子越来越早熟，这就要求父母不断地自我反省、自我提升。只有父母跟随时代的步伐，不断地改变自己或错误或不恰当的观念，不断地更新思想，孩子才能够听得进父母的话，才会和父母亲近。正如俄国文学家列夫·托尔斯泰说的那样："教育孩子的实质在于教育自己，而自我教育则是父母影响孩子最有力的方法。"

听懂孩子的话，
读懂孩子的心

父母以身作则，让孩子不再说脏话

每个父母都不喜欢说脏话的孩子，毕竟脏话连篇会导致一个人的形象大打折扣。因此，在生活中，我们经常会看到这样的场景：孩子刚冒出一句脏话，父母的筷子已经扔了过去。

合理的教育的确能让孩子杜绝说脏话。然而，如果父母本身就是一个"出口成脏"的人，孩子每天生活在充斥着脏话的家庭环境里，那么无论如何教育，都无法起到积极的作用。尤其是有的父母不懂得控制情绪，总习惯"以脏治脏"，污言秽语层出不穷，孩子自然难以改变说脏话的毛病。

一天，王磊的爸爸正在上班，突然接到幼儿园老师的电话。老师对他说，王磊在幼儿园里总是骂人，脏话连篇，怎么讲也不听劝，希望家长能前来一起教育。

爸爸听完，自然是火冒三丈，飞速赶到了幼儿园。他看见，王磊正在一群小朋友的中间指着一个小朋友，大声说道："你怎么这么笨！连这么简单的动作都不会，你是怎么被你妈养大的！"

王磊的话让其他小朋友顿时安静了下来，而那个被他骂的孩子，更是号啕大哭。然而，王磊仿佛并没有骂过瘾，继续骂道："哭什么哭！没种的东西！"

王磊的这一举动，让爸爸羞愧万分，走过去揪住王磊的耳朵骂道："小兔崽子，谁TM教会你说脏话了！你看我不打断你的腿，你个龟孙子！"

见到爸爸来了，王磊顿时浑身一颤。不过，他迅速稳定了情绪，大声喊道："爸爸不讲道理！凭什么你能说，我就不能说！你说我就说！我不喜欢爸爸，爸爸是个废物！"

王磊的话让爸爸愣住了。他没想到，自己在孩子的心里是这个样子；他更没想到，孩子居然对自己有这么大的敌意。他在心里低声地问道："难道我的教育方法真的错了吗？"

王磊爸爸的教育方式，非常具有代表性。不少父母在教育孩子时，总是不能平静内心的波动，情急之中就采取打骂的方式，出口成"脏"，严重地污染了家庭的语言环境。但父母却以为，自己的这种态度，恰恰能体现自己的地位与权威，于是乐此不疲，各种不雅的词汇成了口头禅。然而这样的父母，又特别喜欢对孩子强调文明、礼貌。心口不一、不能以身作则，这样的父母能够教育好孩子吗？

还有的父母，则习惯把对工作中的不满带回家里。一关上家门后，说话"狠"不择言，仿佛与这个世界有着血海深仇。可是父母是否看见，孩子正在一旁看着。别忘了，父母是孩子的第一任老师，当他遇到不满时，自然也会采取这种方式来泄愤！

为了教育出一个好孩子，那些满口脏话的父母，赶紧行动起来，做出

> 听懂孩子的话，
> 读懂孩子的心

积极的改变吧：

一、郑重地向孩子道歉。父母的脏话，有时候属于口误，例如在教育孩子时，突然有些急躁才脱口而出。这个时候，父母不要转移话题，更不要想方设法地掩藏，而是应当诚恳地说声"对不起"。然后，父母可以解释刚才的行为，并对自己的做法感到懊悔。

"你真是气死我了，怎么又在这道题上出错了？真TM笨！"

看着婷婷的试卷，爸爸情急之下，突然冒出了这样的一句话。刚说完，他立刻捂住了嘴，意识到自己说了脏话。话已经说了，还有道歉的必要吗？爸爸有些犹豫。

婷婷站在一旁，有些沮丧地看着爸爸，说："爸爸，对不起，你别骂我了好吗？"

看着女儿楚楚可怜的样子，爸爸心软了，抱住她说："应该说对不起的是我！婷婷，爸爸刚才一时昏了头，才和你说了脏话，真是对不起！你能原谅爸爸吗？"

婷婷说："爸爸，我当然原谅你啦！谁让你是我的爸爸呢？"

"女儿真乖！"爸爸在她的额头亲了一口，"爸爸也原谅你，这道题下次不能再错了！"

"遵命！爸爸也不能再说脏话啦！"

"哈哈"

就这样，父女俩笑成了一团。

我们都知道尊重别人就是尊重自己，这句话对孩子也是适用的。其实向孩子说句"对不起",父母根本不会丢面子,反而会赢得孩子的尊重。一句简单的道歉就能让孩子明白说脏话不好的道理,感受到父母的真诚,从而对自己的言行做出约束。

二、改掉自己的坏习惯。说脏话的习惯,并非是一朝一夕养成的,因此改正起来自然有一定的难度。但是为了孩子的健康成长,父母就要下决心改掉自己身上的那些坏习惯,以防"遗传"给下一代。

如果父母的确感到自行戒除有难度,那么不妨求助于相关专家。例如,可以报名参加礼仪培训班,在文明的环境中转变自己的行为;还可以多参加大型活动,在友好的氛围下,逐渐改掉毛病。无论这个过程有多艰难,为了下一代,父母必须咬牙坚持。

鼓励孩子主动认错,避免撒谎

撒谎,是一种不良的生活习惯,是人格的一种缺陷。没有一个父母,希望自己拥有一个热衷撒谎、善于撒谎的孩子。然而,越是对孩子说:"你别撒谎,否则爸爸就会揍你!"孩子的撒谎行为似乎越发变本加厉了。

为什么会如此?心急如焚的父母,不妨从自己的身上找找问题的答案,是不是在平常生活中,父母就有撒谎的习惯?如果答案是肯定的,那么,你就别指责孩子了,赶紧把那副凶巴巴的表情收起来吧!

听懂孩子的话，读懂孩子的心

李蕾是个乖巧的好女孩，很少惹父母生气。爸爸妈妈也希望她能够健康成长、学业有成，因此格外看重她的学习成绩。只要成绩好，爸爸妈妈就很高兴，会奖励她不少东西；但如果她成绩不好，爸爸妈妈就会责骂她。

这天，妈妈在逛街的时候碰上了李蕾的班主任。从聊天中，妈妈意外得知，李蕾上次拿给她的考试成绩单是假的，分数是李蕾自己改动的！

这个消息，使得妈妈不禁勃然大怒，回到家里一把抓住李蕾，大声训斥道："你怎么敢对我撒谎！和你说过多少遍，考多少就是多少，别弄虚作假！告诉我，你这是和谁学的！"

李蕾大哭了起来，说："我这样做就是学你们的。有一次，单位让你加班，你打电话说身体不好拒绝了加班的要求。可是，你最后去逛街了。你还问我，'妈妈聪明吗？'为什么你撒谎就对，我撒谎就不对？"

妈妈一愣，一时间竟无言以对。

可以看得出，李蕾之所以学会了撒谎，关键就是受到了父母的影响。如果父母在平常生活中当着孩子的面撒谎，孩子的模仿性、可塑性强，家长的一言一行，他都会看在眼里、记在心里，有样学样。家长撒谎会对孩子产生潜移默化的影响，所以说，孩子撒谎，最主要的原因就是受到了"榜样"的影响。

父母必须明白，在孩子的成长过程中，自己才是他的第一任老师。

你做什么，孩子就会学着做什么。你是个"恶人"，那么孩子就很难拥有"善良"的基因。孩子依葫芦画瓢，到头来又被你批评，孩子就会无所适从，分不清什么是对的什么是错的。试想，这样的教育有谁会接受，又如何能成功呢？

要想让孩子从小就做个诚实的人，父母在教育孩子时，就要做到以下这几点：

一、父母要做诚实的榜样。要想做好孩子的榜样，那么父母必须做到言而有信。比如，父母许诺要送孩子一个变形金刚，不但没有买，还说："妈妈忙，没有时间去买。"孩子会看出父母是在撒谎，也学着用这种方式来应付差事。因此，父母一定要杜绝这种事情的发生。

倘若是工作上的事情，父母必须要对领导或同事说出"善意的谎言"，那么父母应该避开孩子的面，在较为封闭的环境中进行。不要让谎言被孩子听到，使他产生"撒谎有理"的错误判断。

二、平静对待孩子的撒谎。父母一旦发现孩子撒谎，不要立即变得暴跳如雷。孩子撒谎，父母强调的重点，不在于要他承认说谎，而在于讨论：当事实已经摆在眼前时，孩子为什么还要坚持否认。要让孩子知道，撒谎是一种非常不好的行为，撒谎的严重性要远远大于错误本身。

刘岩的妈妈在上班时突然接到老师的电话，说刘岩打了同学。老师让刘岩带着写好的书面材料找家长签字，可刘岩却迟迟没有把家长签字的材料拿给老师。

妈妈急忙赶回了家，看见刘岩正呆呆地坐着。她按捺住火气，说："岩岩，今天有没有什么东西交给妈妈呢？"

"没有呀!"

妈妈依旧没有发火,只是说:"我接到老师的电话了,说之前你应该有一份书面材料要给我。"岩岩把头垂得很低,喃喃地说:"我不小心弄丢了。"

妈妈见他不肯承认,于是说:"没把书面材料拿回家,就托词说'我弄丢了',但实际上你弄丢了吗?"

岩岩知道妈妈什么都知道了,只好乖乖地说:"妈妈,对不起!"

妈妈继续说:"因为你打人,所以我罚你两天不能看电视,而且你还撒谎,所以罚你三天。假如你知道我们早晚会知道这事,你会怎么做?"

岩岩说:"我不知道,但你们肯定会生气。"

妈妈笑了笑说:"就算我们生气,也是因为爱你呀,即使你三天不能看电视,那也是很短暂的时间。你现在明白了说谎会得到加倍的惩罚了吧?"

岩岩说:"妈妈,我错了,我以后再也不撒谎了!"

刘岩妈妈心平气和的话,既让孩子认识到了错误,又避免了一场争执,这种方法,非常值得父母借鉴。

三、孩子承认错误,父母要及时表扬。如果孩子主动向父母说明自己撒了谎,那么父母一定不能再训斥,否则就会让孩子感到:"我认错你们也训我,那我以后还是撒谎好了!"

正确的方法,应当是父母如此表示:"我很高兴你告诉我了,我相信你是可以信任的。你要是继续撒谎，我会罚你在两天的时间内不能看动画片。但现在，你只需为自己犯下的错误负起责任，我会把'罚单'减少一天。"这样，即使孩子以后撒了谎，也会很快承认错误，不会顽固到底。

对孩子的许诺一定要实现

许诺，是一种激励手段。许下的诺言能实现，会对孩子起鼓励、促进和教育的作用；反之，许诺后不能兑现，总给孩子开空头支票，那么，这个诺不许也罢。

对于妈妈的言而无信，小玲总是很无奈："有一次，我最擅长的语文考砸了，就对妈妈撒了谎，说是成绩还没有公布。后来妈妈得知成绩已经公布了，就追问我怎么回事。我却不肯把分数告诉她。妈妈向我打保票说，即使分数很不理想，也不会呵斥我的。冲着妈妈许下的这份诺言，我将实情相告，没承想妈妈还是那么言而无信，我不光挨了一顿骂，还挨了一顿打。后来妈妈警告我，以后凡是成绩出来了，第一时间要告诉她，不要瞒她。但经过这件事后，还让我怎么相信她。"

听懂孩子的话，读懂孩子的心

子曰："人而无信，不知其可也。"意思是说："一个人如果不讲信用，那么就没什么可肯定的了。"根据调查发现，如果一个人许下承诺，能否兑现将直接影响到别人对这个人的综合评价。

每个父母都知道诚实守信这一做人原则的重要性，对同事、领导、客户都会尽可能遵守承诺。可是对孩子，许多父母却认为孩子还小，做不到也无所谓，于是父母经常给孩子开一张张的空头支票，令孩子一次次地失望。

其实，哪个孩子是天生的谎言者呢？这都是后天的不良环境致使孩子的品格发生了变化。让人痛心疾首的是，那些不良环境的制造者恰恰就是家长。孩子不诚信往往是父母做坏榜样造成的。一些父母以"都是为孩子好"的名义对孩子失信，失信之后这些父母对自己的行为还浑然不觉。一位老师说："在学校，我们教育孩子要遵守承诺，但当孩子回家后就被'污染'了。"

新学期开始了，有个老师给学生布置了一个简单的统计题，让每个学生询问身边的同学暑假做得最有意义的事情是什么，然后把统计结果写在作业本上。有位母亲看了题目后想都没想就直接对孩子说："这都什么时候了还问同学，你直接编几个故事不就结了嘛。"孩子就在母亲的这种"引导"方式下完成了作业。但是，编的故事怎么会和其他同学询问的实际情况一样呢。孩子把作业交上去后，老师很容易就发现了。这位母亲的出发点可能是想帮孩子早点完成作业，可没承想这下却给孩子贴了一个"谎言者"的标签。

有的家长为了哄孩子乖乖服药，会骗孩子说"不苦、不苦"；为了让孩子乖乖打针，就骗孩子说"打针不疼的"；孩子的同学打来电话，为了不影响他学习，每每以"他不在"或者"他睡着了"回绝。长此以往，孩子无形中就会学会说谎。

还有的家长仗着家长的权威，常常记不起答应孩子的"小事"，更别说兑现了。这些父母认为："我连带他去旅游都答应了，电脑都给他买了，陪他逛街之类的小事又算得了什么？"所以，很多时候正是家长先破坏诚信的约定的。家长的信誉度慢慢降低了，渐渐地孩子就不愿相信家长的话了。

很多父母认为小学阶段的孩子还不懂事，于是便经常对孩子许诺，以此达到哄孩子的目的，他们觉得小孩子哪里会把这些小事记住，久而久之，父母在孩子心中的信誉度已经跌到了谷底。

那么具体来说，父母要怎样做才能给孩子做好信守承诺的榜样呢？

一、家长要以身作则。家长没必要为调动孩子一时的积极性而说大话，向孩子承诺自己根本做不到的事情。因为它只能迫使孩子完成眼前的任务，而不能使孩子坚持不懈地付出努力，久而久之使孩子养成了不讲诚信的坏毛病。言出必行，只要孩子提出的要求是合理的，家长一旦答应就要想方设法去兑现，兑现承诺不仅能取得孩子的信任，还能促进父母、孩子彼此之间的感情。

二、家长不能兑现承诺，应告知孩子原因并加以弥补。在许诺之前，一定要想想自己有没有能力兑现，尤其是身为父母的人，更应该考虑清楚自己能不能做到。如果做不到，就不要轻易向孩子许下诺言。当然，的确有困难没办法兑现诺言也是可以理解的，但一定要向孩子道歉并加以说明,并另行约定履行事宜,如:"真的对不起,宝贝儿!爸爸单位临时通知要加班,不能陪你看电影了,咱们改成下周末可以吗?"记住,此时父母一定要慎重,确定自己一定能够完成,和孩子另行约定的事可就不能再变了。

三、孩子不能兑现承诺,告诉孩子可能会出现的后果。如果孩子没有兑现自己许下的诺言,家长一定要及时引导孩子不可言而无信,不要因为别人不重视自己的承诺就不兑现。因为如果孩子经常言而无信的话,久而久之就会对孩子造成一种承诺能否兑现都无所谓的态度。

总而言之,父母言出必行的态度,将会给孩子带来积极的影响。因为在生活中给孩子树立诚信的好榜样,就等于在孩子幼小纯洁的心灵中播下了诚信的种子。

教孩子学会分享,拒绝霸道

霸道,很多父母在说起自己家的宝贝时,都会用上这个词。如今很多的独生子女,的确霸道得很:自己的东西,绝不让别人碰;爱吃的食物,就连爸爸妈妈也不能尝一口。

父母不明白,为什么孩子会变成这样,并且怎么说他,他也听不进去,难道只有打骂才有效吗?其实,孩子不愿分享的原因,很大程度上是因为父母的教育不当造成的。父母不懂得分享,孩子自然就会染上霸道的

"怪病"。

小胖体型较大，所以在幼儿园里，他就成了"霸道小皇帝"，总让小朋友们听他的，自己的东西他们绝对不能碰。即使在家，他也是如此。每次奶奶做红烧鱼时，总会把鱼身给小胖吃，其他人只能吃鱼头。于是，小胖养成了一种习惯：每次吃饭时都把鱼放在自己面前。

看到孩子这个样子，爸爸不由皱紧了眉头。这天，奶奶又做了红烧鱼，这时爸爸把鱼放在中间的位置，并且夹了一块鱼身上的肉。

这时小胖不干了，大喊道："鱼是我的，你们不许吃。"

爸爸生气地说："这鱼是奶奶做给大家的，为什么我们就不能吃？"

"骗人！明明就是奶奶做给我一个人的！"

这时候，妈妈也说话了："儿子，别这么自私，你要懂得分享。"

小胖一生气，把筷子扔掉："那你们怎么不分享你的汽车？那次张叔叔来借汽车，你为什么要找借口推辞？人家又开不坏！你可以，为什么我不行？"

"你……"爸爸还想训小胖，但刚一开口，却什么话也讲不出来了。

小胖这样的孩子，正是现实生活中的一个典型。尤其是在餐桌上，孩子的那份霸道会更加表露无遗：孩子成为餐桌的中心，所有的菜食都是以孩子为主。这时候，孩子既不会照顾爸爸妈妈，更不会尊敬爷爷奶奶。

听懂孩子的话，
读懂孩子的心

除了餐桌、漫画书、玩具，只要是孩子的东西，他们就绝不会与人分享。看见别人碰，他们就会大哭大闹，认为别人侵占了自己的权利。

而从小胖的案例中，我们可以清晰地看到：孩子不懂得分享，关键就在于父母所树立的"坏榜样"。平常生活中，父母总是说些"咱们家的东西，干吗借给别人"的话，无意中就会被孩子听见。于是，孩子也会理所当然地认为："自己的东西，干吗要与别人分享！"

一个自私的父母，想要教育出懂得分享的孩子，这无异于天方夜谭。正是在潜移默化中，父母培养了孩子这种唯我独尊的心理，为孩子的霸道行为铺路。等到他长大时，他会感到人际交往非常困难，那时自然会抱怨父母当年的所作所为。

所以，要想改变孩子的霸道心理，单纯的口头教育是没有效果的。只有以身作则，孩子才能懂得分享的道理：

一、做孩子的榜样。孩子天生爱模仿，因此，父母就应该成为他的正确榜样。例如，当自己得了奖金时，不妨请同事们撮一顿，最好还能带上孩子，让他看到自己的大方；有了一幅名贵字画也不要藏着掖着，可以邀请好朋友一起到家里欣赏。听着别人赞扬父母的话，孩子也会认为："原来爸爸这么厉害，能得到所有人的喜爱！"

当孩子把父母当作骄傲时，他自然会模仿父母的行为，也会与他人分享自己喜欢的东西。因为，他也想得到别人的赞美！

二、分享孩子的快乐。孩子是爱父母的，所以有了快乐，第一时间就会想到跟父母分享。这个时候，父母千万不要推辞，而是应该分享孩子的快乐。

一个秋日的下午，大龙在院子里荡秋千。这个时候，爸爸从一旁经过，他急忙拉住爸爸，说："爸爸，咱们来一起玩吧！"不过，爸爸却显得非常着急，只是说了句："你自己玩吧！"然后就走出了院门。

刚走出几步，爸爸突然意识到，孩子难得叫自己一起玩，自己何苦拒绝呢？于是他又拐回了家里。大龙看到爸爸回来，之前的沮丧一扫而光，拉着爸爸荡秋千、打皮球，度过了一个美妙的下午。

晚上睡觉时，爸爸看见大龙的脸上依旧挂着笑容。他终于明白，孩子的快乐父母是要分享的！于是，以后的每个周末，他都会和孩子一起玩耍，一起收获喜悦。渐渐地，孩子的性格开朗了，朋友也越来越多了，跟小朋友们在一起时自然也表现得大方、礼貌，成了不折不扣的"孩子领袖"！

与孩子一起分享快乐，就是为了让孩子感到：分享，会让快乐成倍增加！花上几小时，培养出一个乐观开朗、懂得分享的孩子，何乐而不为呢？

三、及时赞扬孩子的分享行为。如果看到孩子拿出玩具和其他小朋友一起玩，此时父母一定不要犹豫，应当及时赞扬他的这种行为，对他说："宝宝，你真的长大了！你看，那些小朋友们也高兴地鼓掌呢！"这番话，就会让孩子明白这是好的行为，把分享看成快乐的事。

第十章

正能量教育，赢得孩子的心

温暖的家是滋润孩子心灵最好的土壤

家，是一个温暖的字眼，是孩子温暖的港湾。当孩子还是胎儿的时候就能和母亲一起感受到家的温暖。根据研究表明，胎儿的心跳加快有时是因为母亲情绪激动造成的，孩子没出生就能感受到周遭的氛围。曾有一位被生活逼到走投无路的孕妇准备轻生，是腹中那个还未出生的小生命用强烈的胎动给了她活下去的勇气。

家庭的气氛直接影响着孩子的成长轨迹，一个和睦温馨的家庭，会让孩子有一个无忧无虑、井然有序的成长环境。试想一下，爸爸经常搂着孩子给他讲故事，为孩子辅导作业，带着孩子跑步、锻炼身体，妈妈给孩子做美味可口的早餐，带孩子逛公园，一家人温馨而甜蜜。在家庭的熏陶和父母的精心教育下，孩子变得活泼开朗，热爱生活，对周围的事物充满好奇心和求知欲，这个孩子是多么的幸福。但是，如果孩子处在一个不和谐的家庭之中，父母经常吵嘴打架，甚至闹离婚，无心照料孩子，甚至视孩子为撒气的工具，或当作再婚的包袱而加以虐待，从而精神受挫，活泼的天性渐渐消失，慢慢地孩子变成了一个孤僻的人，做事缺乏热情，试想，身处这样家庭环境下的孩子会有好的身心发展吗？

听懂孩子的话，读懂孩子的心

与大多数同学一样，小南是一名头脑聪敏、灵活，好奇心强的小学生。然而不幸的是，他有一个不幸的家庭。他有一个酗酒如命、嗜赌如亲的父亲，并且他父亲的脾气极为暴躁。母亲不能容忍父亲的行为，为此经常与丈夫吵架，家庭关系十分紧张，曾一度要闹离婚。经济上的拮据、父母的吵架，再加上父母经常在吵完架后把自己当作出气筒，种种的不幸让小南感受不到家庭的温暖，他经常一个人躲在自己的房间默默地流泪。

在班级里，他感到十分的孤独，没有朋友，也不敢和别人交朋友，即使别人偶有关心，也被他看作是嘲笑；长期的压抑使他情绪焦躁，无心学习，他从来不回答问题，上课总是无精打采；同时，他还非常敏感自卑，无论何时都觉得别人在讨论自己，说自己的坏话。后来，他发展到逃课、逃学、不愿意出门。至此，其父母仍相互埋怨、扯皮。他曾说："我很想读好书，我也向往高中、大学的生活，可我的家不像一个家，我常常被父亲打。反正，我是没有希望了。"

对于孩子来讲，家庭就是一个小社会，步入社会之前，他们所能接受到的教育和影响主要来自于父母。生在和睦的家庭的孩子是幸福的，父母也应该努力为孩子创造这样良好的成长环境。但并非所有家庭都是和睦的，孩子的紧张状态往往就是因为家庭不睦所致，进而造成了孩子情绪上的焦躁。在一次全国青少年活动夏令营中，一个在别人眼中看起来很叛逆的小女孩说："和别人家的孩子比起来，我是不幸的，我的父母经常在我的面前发生口角、打架，甚至闹离婚，他们丝毫没有顾及我的感受。我只是一个孩子，我渴望得到父母的关爱，渴望一个幸福和睦的家庭，但我的父母却不能满足我这些最基本的要求,他们毁灭了我心中父母应该有的形象。"经常吵架甚至拳脚相向的父母会给孩子树立一个反面的榜样,孩子学会了像父母那样为人处世,以暴力去解决问题,从而导致了心理上的缺陷。一个经常打架的男孩说:"我爸爸的脾气很暴躁,动不动就打我,这让我也学会了怎样打人。"还有的子女会对自己的父母产生怨恨的情绪,认为他们没有给自己创造一个温暖的家,继而会采取极端和过激的方式处理问题。曾经有一位中学老师对其班级里的学生进行调查,发现有85%的学生认为父母吵架是自己最害怕的事。可见,孩子对家长的吵架,对家庭的不和睦是何其的恐惧和讨厌。

从某种意义上说,孩子的一生都身处家庭之中。家庭环境和家庭氛围是孩子从小就耳濡目染的,这种影响会伴随着孩子的一生,左右着孩子的成长轨迹,一个关系和谐、民主,父母相敬相爱,尊老爱幼的家庭,能给子女的健康成长创造一个良好的环境,让孩子养成良好的言行举止和待人接物的习惯。相反,如果父母的教育方式不当,行为举止不良,孩子怎么能健康的成长呢?在家庭教育中,父母对孩子的要求一定要一致,当着孩子面出现意见不一的时候,会让孩子产生巨大的心理压力。这样,家庭教育的作用会互相抵消。不管孩子多大,他们总需要父母的呵护与关爱,总想在父母面前撒撒娇,而这种亲子关系是自小就应当形成的。若父母给予不了孩子细微的关心和呵护,孩子的心灵也会因此而严重受挫。所以说,青少年健康成长离不开良好的家庭氛围。

赵莎出生在一个不幸的家庭,她的父母是典型的"吵架夫妻",几乎每天都要吵架,这让赵莎手足无措。父母每次吵完架后,总会拿她出气或拿她当作筹码要挟对方。有一次，父母吵完架后，母亲一怒之下把赵莎带回了母亲的老家，这不仅耽误了赵莎的学习，更让赵莎的心理受到了巨大的创伤，她认为父母只是把她当作一个工具，没有真正的关心她。她无心学习，学习一落千丈。就这样，赵莎整天忧心忡忡，看起来一副无精打采的样子，变得不喜欢与别人交流，总是一个人孤单的来往。

家庭是一个整体，在孩子还不能真正独立的时候，父母是家庭的主体，承担着负担家庭、教育孩子的责任。家庭成员不睦，尤其父母在教育孩子的问题上不统一的时候，会让孩子产生对家的厌烦情绪。有些孩子还会因此产生叛逆心理，性格上变得极其敏感。有的则感到自卑，认为家庭放弃了自己，自己也就自甘堕落。他们将对家庭的敌意指向社会，造成人格的反社会化。孩子并不能完全地自立于社会，他们需要周围人对他们的认同和接纳。父母因为家庭矛盾，往往忽略了孩子的内心感受。孩子只好通过其他途径寻找温暖，而在这个过程中，孩子总是会遇到这样那样的挫折，这又进一步导致了孩子不健全心理和人格的形成。

在家庭教育中，要想让孩子形成健全的人格，孩子的心理健康、学习能力的获取和人际交往能力的培养，这三个方面是最重要的。只有家庭和睦，孩子的身心才不会被蒙上阴影。根据调查发现，高智商和活泼开朗的孩子一般都成长于和睦的家庭中。对于逐渐长大，心智逐渐成熟但却涉世未深的孩子来说，如何让他们了解社会的复杂性和多面性，使他们对社会能有更深刻的看法和认识，家长的以身作则能影响孩子的审美观、价值观和世界观，除此以外，家长还需要为孩子营造一个和谐的家庭氛围和轻松的交流环境，只有这样父母才能够真正走进孩子的内心，及时了解孩子真正的心理需求。因此，孩子的身心能否健康成长，这与家庭氛围和谐与否息息相关。希望年轻的父母们能够给自己的孩子营造一个良好的家庭氛围，让孩子的身心得到健康的成长。

孩子的一生始于家庭，最先担负孩子教育责任的是父母，以及由父母构成主体的家庭。和谐安宁的家是孩子健康成长的重要保障。幸福的孩子总是一样的，因为他们有一个幸福的家庭，不幸福的孩子却各有各的不幸，因为他的家庭总因这样那样的原因而变得支离破碎。身为人亲，应该明白自己不负责任的行为会给孩子幼小的心灵造成伤害，这种伤害的阴影甚至会一生纠缠着孩子。所以，当身为父母的你们在争吵时，请想一想，你们有一个可爱的孩子，有一个需要担负的家庭，请把孩子当作你们夫妻之间的沟通纽带，有什么事情心平气和地交流想法。请给孩子一个幸福和谐的童年吧。

孩子的童年不能只有学习

都说父母是孩子的第一任老师，那么无疑家庭则是孩子的第一课堂。然而，如今许多父母把对孩子的教育局限在孩子的学习成绩上。为了能够提高孩子的成绩，有些父母甚至忽视孩子的身体健康。有些父母认为只要孩子成绩好，其他事情孩子都不用操心。他们把孩子当成了学习的机器，

听懂孩子的话，
读懂孩子的心

把孩子玩的时间都剥夺了。

据调查表明，有三成的父母认为学习是孩子最重要的事情，其他事情可有可无，而还有一成多的父母认为孩子的睡眠时间可以少点，学习比睡眠重要。父母经常对孩子说的话就是"作业做完了吗"、"考得怎么样"。

显而易见，父母已经视孩子如学习机一般，孩子把所有的时间都用在了奔波在各种辅导班的路上。试问，那些父母体会过孩子的感受吗？孩子们会快乐吗？他们还有星星和月亮、蓝天和白云吗？没有玩耍、只有学习的童年不是童年，这样的做法是不利于孩子的身心发展的。

一位长期在父母高压严管之下的孩子，曾在自己的一篇作文中写道：

从上初中开始，我的课余时间显著减少。每天我都被父母死死地管着，晚上11点之前不准睡觉，这让我因为缺少足够的睡眠而筋疲力尽，但是我只能咬牙坚持下来。因为就像他们所说的那样，他们是为我好，为了能让我考上重点高中和将来能够考上名牌大学，他们逼迫我这样做，我完全理解他们的心情。

初三那年，他们对我的学习管得更严了，每天当我费尽心机地做完老师布置的作业后，还要熬夜完成他们给我留的"额外作业"。我的生活除了上课，就是做作业，我没有了玩耍的时间，失去了看电视的权利，就连自由自在睡觉的机会都没有。我因学习的重压感到窒息，但是他们还是抱怨我没有把闲暇时间充分利用起来，于是又把我睡觉的时间推迟到12点。虽然我知道这样下去我会垮掉，但是我只能咬牙坚持。我期待考上高中后，一切都会有所改善，可以放松地玩乐和生活。

在这种高压学习生活中，我的体重在一个月之内骤减了6斤。当他们看到我的身体脆弱的时候，就给我买了一些补品，想让我尽快恢复健康，以便有充沛的精力去迎接新一轮的复习。有一次，我打开电视看了一下我喜欢的节目，想放松放松，但是他们却怒气冲冲地将电视关上，然后对我大声喊道："什么时候了，马上就要中考了，你还浪费时间，马上去给我复习。"而当他们看到我安静地坐在书桌旁，才会安心。

爸爸妈妈，我想对你们说："我是人，我是一个孩子，而不是学习的机器，我期待有更多的休息时间。"

不要总是对孩子说："你就知道玩，不知道学习。"孩子爱玩不是他们的错，而是他们应有的权利，当孩子完成了他的作业后，父母应该给孩子自由玩耍和休息的时间。一些父母一旦看到孩子在玩，就会说："就知道玩儿，还不快去做作业。"如果孩子说："作业已经做完了。"父母就会说："做完作业了不能多看看书啊？"总之，这些父母视孩子玩耍如大敌。有的父母甚至说："必须把孩子的时间都占领，让他们没有时间去玩。"

一位教育工作者曾说："如今的一些父母，根本不是在教育孩子，而是在摧残孩子，他们拼命地给孩子施加压力，使孩子变成了学习的机器。殊不知，在重重的压力之下，孩子会对学习失去感觉，这就是失败的教育。"父母对孩子的教育会影响孩子的一生，可是很多父母认为家是除学校以外的第二"战场",孩子绝对不能对学习掉以轻心,可这样做的结果往往适得其反。

孙云晓是中国青少年研究中心的副主任、研究员,他曾说过一句幽默的话:"虽然全国的父母从来没有在一起开过会,但是全国的父母每天却说着非常相似的话:要好好学习,只要学习好,其他的什么都不用管。"就是在这种错误的教育观的指导下,为了提高孩子的学习成绩,父母不惜以牺牲孩子的一切为代价。而孩子们就是在这样的尴尬境地中成长的。长此以往,会严重压抑孩子的个性,扼杀孩子的创新能力,使孩子变成一个只会考试的学习机器。

孩子也是人,他们不是机器,况且机器运转到一定程度也有休息的时候,更何况是小孩子呢。通过调查发现,劳逸结合的用脑方式是和支出的时间成正的,说明这样比较有效率;反之则效率下降。家长们一定要做好孩子在玩耍和学习之间的平衡,通过玩耍放松身心,让小孩的大脑得到充分的休息,为更好地学习做准备。除此之外,小孩子在一起玩耍,也能学到彼此身上的优点,这也是一种提高,更能促进身心健康发展。

请不要难为成绩差的孩子

在学校里,每个班级都有成绩好的孩子,当然也少不了成绩差的孩子。成绩好的孩子往往能够受到老师和父母的宠爱,受到同学们的追捧,但成绩差的孩子却常常成为老师和同学们嘲弄的对象，成为父母们发泄和责难的对象。但是成绩差的孩子并非一无是处，成绩差并不能说明他们就是失败者，所以请不要为难成绩差的孩子。

事实上，成绩不好并不能说明太多的问题。许多成功人士在幼年时期，也曾经被人视为差生。爱因斯坦小时候较自卑，不爱说话，在母亲的关爱和培养下逐渐走上成功之路；爱迪生当年因成绩差被学校劝退，在母亲的教育和培养下成才；我国著名数学家苏步青成绩在班里排名倒数第一，后来遇到了对他没有丝毫成见的陈玉峰老师，才爆发出对学习的热情，最后成为一代宗师。因此，我们没有任何理由为难成绩差的孩子。就像有人套用鲁迅先生的那句名言所说的："世上本没有'差生'，教育失误太多了，慢慢才有了越来越多的'差生'。"

王淑梅的儿子12岁，成绩一直在下游徘徊，他是班里"知名"的差生，老师讨厌他，同学们讥笑他，就连妈妈也为难他，给他背思想包袱。邻居一提到王淑梅的儿子，都大发感慨："那个孩子，成绩差得要命，不会有出息的。"而每当王淑梅听到别人这样评价自己的儿子，她就感到很没面子，于是回家后对儿子大发牢骚，有时候还会打骂儿子，说他不给父母争脸。

儿子非常顽皮，他之所以成绩不好，是因为他从来都没有认真听课。安静地坐在教室里，这对儿子来说是件很难的事情。但是为了提高儿子的成绩，王淑梅三番五次地给儿子请辅导老师、报特长班，尽管儿子非常不愿意，但是还是在王淑梅的"威逼利诱"下去上课了。这让儿子感觉是一种折磨，他觉得学习是一件痛苦的事情。

听懂孩子的话，读懂孩子的心

因为学习成绩差，一些孩子背上了沉重的思想包袱，在老师和父母面前，明显底气不足，在同学们面前自卑得抬不起头来；他们因为成绩差而失去很多参加别的活动的机会；因为被扣上了"差生"的帽子，他们没有勇气表达自己的思想；因为是差生，父母没有给予他们理解和支持；因为被人称呼为"差生"，他们也就失去了对学习的兴趣和热情；因为学习成绩差，他们与愉快的童年失之交臂。

当孩子把一个很糟糕的成绩告诉父母时，有些父母会抱怨孩子或责备孩子，然后唉声叹气；有的父母会暴跳如雷，大发怒火，甚至打骂孩子。这些种种不良反应，都是对成绩差的孩子的为难。

作为父母，应该通过孩子的分数自我反思，寻找教育中存在的问题和不足，以达到改进方法、提高教育效率的目的。分数只有一定的参考价值，学习成绩只能反应孩子某些方面的素质，并不是孩子的全部，所以不应该把成绩作为评价孩子的唯一标准。

有一个孩子非常调皮，他对学习没有兴趣，而且特别讨厌写作文。爸爸是一位报社记者，他希望激发儿子的写作兴趣，让儿子爱上写作文。

一天晚饭后，爸爸对儿子说："孩子，你得学习写作文啦！"

"我不会写作文！"儿子一边看电视一边不假思索地说。

爸爸说："正是因为你不会写作文，所以我才要教你写作文呀。"

儿子又说："我是学不会的！"

爸爸说："学不会没关系，我会慢慢教你。"

这时儿子忍不住笑了，他说："慢慢教我也学不会！"

"慢慢教你也学不会？"爸爸反问道，"我这个周末带你去外面旅游，让你认识外面的世界，体验生活。"

儿子听到这里，高兴得手舞足蹈起来。

第二天，爸爸带着儿子去祭扫烈士墓。回来以后，爸爸问儿子有何感想，儿子说："爸爸，我挺受感动的。"

于是，爸爸让儿子把自己的感受写出来，并鼓励他："只要你把你想到的写出来，就是一篇优秀的作文。"

就这样，在爸爸的鼓励和引导下，儿子学会了写作文。慢慢地，他的作文越写越好，语文成绩明显提高。爸爸再用语文成绩的进步鼓励儿子，让儿子提高数学成绩。后来，儿子自信地投入到数学的学习中。

没有哪个孩子不想成为好孩子，没有哪个孩子在得到他人的信任后还自暴自弃。在教育孩子时，为难成绩差的孩子只会让孩子变得更糟糕，让孩子失去自信。即使你的孩子成绩再差，你也不要责难或打骂他，而应该给孩子尊重和信任，让孩子自信地学习，让孩子健康快乐地成长。

在孩子成长和学习的过程中，他们就像一杯没有倒满的水，我们应该看到已有的半杯水，而不能因为缺少的那一点水就否定孩子。每一个孩子都希望得到表扬，成绩差的孩子更需要表扬。所以，请不要为难成绩差的孩子，而应该给成绩差的孩子更多的认可、赏识、关爱和理解。

听懂孩子的话，
读懂孩子的心

孩子的天性需要自由地释放

人与生俱来的天性就是渴望自由，孩子也不例外，他们希望能在玩中释放自己。所以，请给孩子一定的自我空间，让他们在这种空间里尽情释放自我的真性情，这样做有益于孩子身心的健康发展。

给孩子一点释放天性的时间，在这些时间里，孩子愿意做什么，父母可以让孩子自己决定。独处也好，静思也罢，交友聊天，伙伴嬉戏，游玩赏景，自由漫步，甚至是静静地发呆和犯傻，尝试失败和挑战……或许有些父母认为，这些时间好像被孩子浪费掉了，其实并非如此。孩子在这些自我支配的时间里，通过自己安排行程，来认识世界，这样做不仅仅能促进身心和谐发展，还能提高孩子的综合素质和能力。

大家都应该清楚，孩子的天性就是爱玩，因为我们也是从孩提时代过来的。每天给孩子一定的玩乐和游戏时间，让孩子尽情展示自己，让孩子做他想做的事情，对孩子的成长和学习是大有裨益的。

王丽的儿子今年11岁了，在一个月之前，他和班里的一个男孩子打得火热。那个孩子胆子非常大，放学后经常来王丽家和她的儿子一起做作业，一直做到很晚，才会回家去。

最初，王丽感到很奇怪，因为王丽并不允许她的儿子私自去别人家玩。可那个孩子告诉王丽，他的父母同意他这样做。王丽也亲耳听到那个男孩给父母打电话告诉他们来王丽家写作业了，他父母没有像王丽那样断然拒绝孩子，而是对他说"行"，并告诉他几点要准时回家。要知道他家离王丽家有10分钟的路程，并且要经过几个路口，人多车多，很不安全。

经过观察，王丽发现儿子和那个男孩在一起也没做什么特别淘气的事情，只是一边聊天，一边做作业，而且遇到难题还一起讨论。当他们把作业完成之后，便在一起玩游戏。

更让王丽惊奇的是，那个男孩子晚上吃完饭，还会来她家里找她的儿子玩，玩到9点多再回去。王丽只允许他们在院子里玩，而不允许他们去离家比较远的同学家玩。但是时间一长，这个孩子的父母的做法给了王丽很大的触动。王丽的儿子自从和那个孩子亲密起来以后，就经常向王丽争取自由支配时间的权利，在完成作业后要求独自去同学家玩儿。

有一天晚上，王丽允许了儿子去广场找同学玩，并且约好八点半必须回来。结果儿子非常准时地回家了。王丽问儿子都做了什么，儿子高兴地说："玩呗！"

虽然儿子的"玩性"变大了，但是他的学习成绩丝毫不受影响。非但如此，在那个学期的期中考试中，儿子的成绩还进步了10名，从班上的中游水平进入了班上的前列。而且王丽发现儿子的脸上微笑多了许多，她知道儿子在玩乐中体验了许多乐趣。

听懂孩子的话，读懂孩子的心

在孩子成长的过程中，父母除了应该督促孩子学习，还不应忘记给孩子自由支配的时间，让孩子有充分释放自己天性的机会。生活是充满乐趣的，但是只有让孩子自由自在地到生活中去体验，在游戏中去感受，才能真正领悟到童年的快乐。父母应该多给孩子一点时间，让孩子去发现生活中的乐趣，让孩子更健康更自然地成长。

有一位哲人说："不要压抑了孩子的天性，世界上最有价值的财富就蕴含在孩子们的天性中。"孩子的天性需要通过自由释放才能充分挖掘出来，如果父母采取强硬措施限制孩子的自由，不给孩子玩耍嬉戏的时间，那么只会使孩子的天性受到压抑。

有一个孩子学习很好，头脑灵活，父母、老师对他有很大的期望。每次孩子做完作业要出去玩的时候，父母就强硬制止，要求孩子做完数学作业做语文作业，做完语文作业写日记，写完日记读报纸，总之一句话：不能出去玩。

时间一长，孩子发现了一个道理，无论自己作业做得多快多好，父母也不会让自己去玩，反正不能出去，那干脆慢慢做，轻松地做。从此孩子再也不提出去玩的事情了，但做作业故意磨磨蹭蹭，一道题能做一个多小时。父母看到孩子的学习劲头，别提多高兴。殊不知，孩子的天性和灵气早已被父母的强硬措施扼杀殆尽了。

教子之路漫长而任重，随着年龄的增长，孩子的学习内容慢慢变得难懂和枯燥，久而久之，孩子难免会产生厌学的情绪。这时，若能结合孩子的学习任务适当给孩子增加自由活动的时间，可以极大地缓解孩子学习中的压力。如果父母没有这种意识，处处给孩子限制，唯恐游戏和玩耍影响孩子的学习，会给孩子的成长带来极为不利的影响。

自由支配的时间，给了孩子还原自我天性的机会，也为日后的幸福生活打下了良好的基础。教育专家孙云晓认为："童年的快乐是一生快乐的源头，童年的不幸是一生不幸的开端。一个人如果失去了快乐的童年，将来是无法弥补的。"

给孩子充足的时间和自由的空间释放自己，是孩子身心发展的需要，是培养创造性人才的首要条件，也是奠定孩子快乐成长的基础。心理学家认为，在成长过程中，孩子开拓除父母以外世界的意愿是非常强烈的，这可以培养孩子做事的积极性，发掘孩子的兴趣爱好，培养孩子独立思考和适应陌生环境的能力。

每个职业都有它的价值

中国有一句古语："三百六十行，行行出状元。"话虽如此，但是许多人对某些职业还是存在偏见。比如，清洁工和服务员等职业就被很多人看不起，而习惯以职称、职位、收入、官阶来品评一个人的高低贵贱。

有个老外喜欢游走于各个胡同，经常去教育机构和娱乐场所说书、讲故事。一次，这个老外与一位中国商人共进晚餐时闲聊。商人好心替他出

听懂孩子的话，
读懂孩子的心

谋划策："如今你没有正经工作，要不跟我一起在中国教英语，还能有一个稳定的职业和一份稳定的收入。"那个外国男士感到非常惊讶，他认真地纠正商人的话："先生，我是自由职业者，我的工作就是走街串巷为老百姓讲故事、说书。您说这不是一个正经工作是对这个职业的侮辱！"

这就是外国人对职业的认识，他们很少片面地通过职业看人。然而，在国内很难做到这一点。其实职业并无高低贵贱，每种职业都能实现人的价值。成功的道路千万条，适合自己的就是最好的。所以，父母要让孩子懂得没有必要拘泥于一条道路，更没必要固执地坚持一条行不通的道路。父母应该教育孩子，让孩子知道最大的快乐和成功是做自己喜欢的事情，重要的不是做什么，而是用心去做。

当年，20出头的张万海从贵州跟着一群老乡来到浙江慈溪打拼，在建筑工地上做起了小工。

一个外乡人要想在举目无亲的城市中立足是困难的。然而，他咬牙坚持做钢筋工地上的小工。这份差事对于身高1.65米、体重不足100斤的张万海来说很是吃力。每当张万海累得筋疲力尽的时候，他就默默地对自己说："就当是锻炼身体了，还能从中挣到钱。"

经过半年的勤学苦练，他练就了绑扎钢筋的基本功；一年后，依靠着超群的技能，他从众小工中脱颖而出。他尝试着带班、包小工地。虽然小有成就，但他并没有因此而止步不前。之后，他开始自学识图，孤灯苦读。一个再小的问题，他都要努力查资料、求答案。每当碰上下雨的日子，张万海就骑上自行车冒雨去书店。求学若渴的他经常在书店里待上一整天，回工地时还会买几本书。不久，钢筋知识等专业书籍已堆满了他的书桌。

付出终有回报，张万海得到了领导的赏识。2001年，他被任命为钢筋班组长，带领100多名工人在相关机构进行了技能培训，这使他的实践和理论得到了有效地结合。

如今，他已是公司技术工人中的灵魂人物，频频获得市、省乃至全国的奖项。"干一行，就要爱一行，钻一行。只要肯钻研，行行出状元。"这是张万海平时说得最多的一句话，"行行出状元"在他身上有了最好的见证。

行行出状元，只有坚持，才能获得成功；只要用心去做，就会做出成绩。无论孩子想要做什么，父母都应该尽量给予支持和鼓励。当孩子根据他的兴趣爱好，决定了努力的方向和要实现的目标时，就会有强烈的实现欲望，父母的支持和理解是孩子实现目标的强大动力。

试想，当孩子全身心投入到自己喜欢的事情上，那种专注的态度，那种执着的热情，那种不畏困难、勇往直前的信念都会在孩子身上展现得淋漓尽致。而孩子乐在其中，也会感受到自己所做的事情是很有意义的。纵然孩子在这件事情上做不出丰功伟绩，那也无愧于"行业内的状元"这一称号。这才是教育的最大意义，也是父母应该懂得的道理。所以，请父母相信"三百六十行，行行出状元"，你的孩子能成为"状元"。